Schriftenreihe Europäisches Recht, Politik und Wirtschaft
herausgegeben von Prof. Dr. Dr. h.c. Jürgen Schwarze
Direktor des Instituts für Öffentliches Recht
der Universität Freiburg
Abteilung Europa- und Völkerrecht

Band 373

Jürgen Schwarze (Hrsg.)

Brennpunkte der jüngeren Rechtsentwicklung der EU

Ausgewählte Beiträge

Nomos

Die Deutsche Bibliothek verzeichnet diese Publikation in
der Deutschen Nationalbibliografie; detaillierte bibliografische
Daten sind im Internet über http://dnb.ddb.de abrufbar.

ISBN 978-3-8487-0455-2

1. Auflage 2013
© Nomos Verlagsgesellschaft, Baden-Baden 2013. Printed in Germany. Alle Rechte,
auch die des Nachdrucks von Auszügen, der photomechanischen Wiedergabe und
der Übersetzung, vorbehalten. Gedruckt auf alterungsbeständigem Papier.

Vorwort

Der Band spiegelt die Ergebnisse einer Tagung des Europa-Instituts Freiburg e. V. wider, die am 22. September 2012 in Freiburg stattgefunden hat. Der Gegenstand der Tagung und des Bandes sind weit gefasst. Die unter dem Titel „Brennpunkte der jüngeren Rechtsentwicklung der EU" aufgegriffenen Einzelthemen sind in der nachfolgenden Einführung aufgeführt.

Die Ergebnisse der Tagung sollen hiermit einem größeren Interessentenkreis zugänglich gemacht werden.

Freiburg, im Februar 2013   *Jürgen Schwarze*

Inhaltsverzeichnis

Jürgen Schwarze

Einführung

Meine sehr verehrten Damen und Herren,

ich darf Sie herzlich zu unserer Tagung „Brennpunkte der jüngeren Rechtsentwicklung der EU" im ‚Haus zur Lieben Hand' begrüßen.

Ich freue mich sehr, dass Sie zu unserer Veranstaltung gekommen sind.

Bitte gestatten Sie mir wenige Bemerkungen zu drei Punkten, die ich eingangs aufgreifen möchte:

erstens, zur Einordnung und Besonderheit unserer heutigen Tagung, *zweitens*, zu ihrem allgemeinen Umfeld – der Lage Europas und des Europarechts – und *drittens* zu den Gegenständen unserer heutigen Beratungen.

Zu meinem ersten Punkt:

Dies ist die 29. Tagung des durch private Initiative 1991 gegründeten Europa-Instituts Freiburg e. V. Von den seinerzeitigen Gründungsmitgliedern – dem früheren EuGH-Präsidenten und ehemaligen Richter des BVerfG Prof. *Hans Kutscher*, meinem akademischen Lehrer Prof. *Werner von Simson*, den Professoren *Jean-Paul Jacqué* aus Straßburg und *Gerhard Schmid* aus Basel und dem Verleger *Volker Schwarz* aus Baden-Baden ist neben mir heute allein *Wolfgang Härringer* auf der Tagung vertreten, der in großer Umsicht seit der Gründung des Instituts dessen finanzielle Belange als Schatzmeister betreut hat.

Ich kann bei dieser Einführung nicht alle erwähnen, die sich in den Dienst des Instituts gestellt haben und die hier eine ausdrückliche Erwähnung verdient hätten. Aber nach einer Durchmusterung der Annalen des Instituts möchte ich aus dem Kreis der heute Anwesenden als „Spitzenreiter" bei der aktiven Mitwirkung an den Tagungen des Instituts Herrn *Bechtold*, Herrn *Brinker*, Herrn *Hatje* und Herrn *Bär-Bouyssière* besonders erwähnen und mich bei ihnen wie bei allen früheren Referenten und Diskutanten stellvertretend noch einmal sehr herzlich bedanken.

Wir haben über die Jahre hinweg – beginnend im Jahre 1990 mit einem Kolloquium über die Regio Freiburg/Basel/Straßburg – unter Beteiligung des damaligen Präsidenten des baden-württembergischen Landtags, *Erich Schneider*, des Vizepräsidenten der EG-Kommission, *Martin Bangemann*, und des seinerzeitigen Richters am EuGH, *Gil Carlos Rodriguez Iglesias*, in regelmäßigen Abständen Tagungen des Instituts veranstaltet, vor allem zu Fragen des europäischen Wirtschafts- und Wettbewerbsrechts, aber etwa auch zum europäischen Medienrecht und zum europäischen Verwaltungsrecht.

Schließlich haben wir Fragen der institutionellen Ordnung und der Reform der Unionsverträge in unser Programm einbezogen.[1] Ein gewisser Höhepunkt war dabei die Erarbeitung eines europäischen Verfassungsvertrags,[2] den wir in wissenschaftlicher Unabhängigkeit formuliert haben und der damals von Ministerpräsident *Teufel* als „Freiburger Entwurf" als eigenständiges wissenschaftliches Dokument dem europäischen Konvent zugänglich gemacht wurde. *Erwin Teufel* war seinerzeit Mitglied dieses unter dem Vorsitz von *Giscard d'Estaing* tagenden Reformkonvents. Als Mitstreiter an diesem Projekt des Freiburger Entwurfs kann ich heute Herrn *Woehrling* und Herrn *Schoo* in unserem Kreise sehr herzlich begrüßen.

Wenn man sich an einzelne Tagungen rückerinnern will, sind sie jeweils in einem Band des Nomos Verlags dokumentiert.[3]

Was die Eigenart der heutigen 29. Tagung des Freiburger Europa-Instituts anbelangt, so ist der Teilnehmerkreis besonders zusammengesetzt. Einerseits gehören dazu insbesondere diejenigen, denen ich mich über deren Promotion und Assistententätigkeit besonders verbunden fühle, andererseits rechnen dazu diejenigen, die sich für die Arbeit des Europa-Instituts über die Jahre tatkräftig eingesetzt haben. Diese Tagung soll also eine Gelegenheit zur Begegnung und Rückerinnerung bieten. In diesem Zusammenhang ein persönliches Wort. Zwar wird dies die letzte Tagung zu meiner aktiven Zeit als Professor der Freiburger Universität sein. Aber als Direktor des Europa-Instituts stehe ich auch nach meiner Emeritierung dem Institut zur Verfügung und freue mich auf die 30. Tagung wie auf sonstige Veranstaltungen des Instituts, die ich mit Ihrer Hilfe vorzubereiten gedenke.

Mein zweiter Punkt: das Umfeld unserer Tagung, die Lage Europas und des Europarechts

Europa steht gegenwärtig ganz im Zeichen der Finanz- und Verschuldungskrise und möglicher Maßnahmen zu ihrer Überwindung. Damit ist momentan eine unausweichliche Verengung der Debatte über die Zukunft Europas eingetreten. Da mag für einen Augenblick ein Innehalten und ein nüchterner allgemeiner Rückblick lohnen. Krisenerscheinungen – wie wir sie gegenwärtig erleben, wenn auch in bisher ungekannter Größenordnung – und pragmatische Fortschritte bei der europäischen Integration sind – so scheint es – in der Geschichte Europas zwillingshaft miteinander verbunden.

---

1 Siehe besonders den Band „Der Verfassungsentwurf des Europäischen Konvents" (Hrsg. J. Schwarze), Baden-Baden 2004.
2 Freiburger Entwurf für einen Europäischen Verfassungsvertrag, Stand: 12. November 2002.
3 Siehe dazu *U. Everling*, Beiträge aus dem Europa-Institut Freiburg, Der Staat 2002, S. 245 ff.

Es gab im geschichtlichen Rückblick bekanntlich immer wieder große Verfassungspläne, die Europa einen sollten. Sie haben allerdings eines gemeinsam: sie sind regelmäßig als solche gescheitert. Vielmehr haben sich besonders aus Krisen immer wieder konkret-pragmatische Fortschritte der Integration ergeben, die man keineswegs gering schätzen sollte, damit es nicht zu solchen Fehlvorstellungen kommt, wie wir sie gegenwärtig in Deutschland erleben.

Schenkt man jüngst veröffentlichten Meinungsumfragen – etwa von Emnid – Glauben, so ist fast die Hälfte der Deutschen der Auffassung, dass es ihnen ohne die EU besser ginge. Skeptisch sind danach die Deutschen besonders, was den Euro angeht. Sie glauben, dass sie mit der D-Mark besser führen. Eine solche Einstellung verkennt, welche Bedeutung und Vorteile der europäische Binnenmarkt nicht zuletzt für Deutschland gebracht hat und wie durch die EU die Rolle der Mitgliedstaaten, auch der großen Mitgliedsländer, in der Weltpolitik und der Weltwirtschaft gestärkt wird.

Nach meinem Eindruck gibt also der Rückblick auf die Geschichte Europas jedenfalls trotz aller Sorgen auch berechtigten Anlass zu der Hoffnung, dass Europa auch die gegenwärtige Krise meistern und aus ihr gestärkt hervorgehen wird. Wie sonst in der Politik hat man auch dieses Mal nicht die einfache Wahl, sich zwischen Hölle und Paradies entscheiden zu können. Vielmehr gilt es auch dieses Mal, einen pragmatischen Weg zu gehen und sich für die Eurorettung zu entscheiden. Dazu gehört trotz aller Unsicherheiten auch ein gewisses Grundvertrauen in die Politik und in die Institutionen und ein Verständnis für die übergeordneten Vorteile, die Europa für uns alle – nicht nur auf ökonomischem Gebiet – bringt.

Als Juristen kommt uns bei der Krisenbewältigung eine besondere Aufgabe zu, wie es die jüngste Entscheidung des BVerfG zum Rettungsschirm und das im Oktober in Luxemburg erwartete Verfahren in der Rechtssache Pringle beispielhaft deutlich werden lassen. Ich habe diese Aufgabe der Juristen in einer jüngst vorgelegten Auswahl aus meinen Schriften zum Europarecht so beschrieben, dass wir die Herausforderungen, welche sich heute vor allem aus der Finanz- und Schuldenkrise ergeben, im Sinne *Walter Hallsteins* mit den Mitteln des Rechts meistern müssen.[4] Welche Spielräume das Recht hier lässt, werden wir auf unserer Tagung diskutieren können. Herr Potacs wird einen Teil der sich hier stellenden Grundsatzfragen in seinem Referat aufgreifen.

Damit bin ich schon bei meinem 3. und letzten Punkt: einem knappen Überblick über unser heutiges Tagungsprogramm.

Wir haben auch dieses Mal unter dem Titel „Brennpunkte der jüngeren Rechtsentwicklung der EU" eine Mischung aus grundsätzlichen Fragen des allgemeinen

---

4 Siehe *J. Schwarze*, Europarecht – Strukturen, Dimensionen und Wandlungen des Rechts der Europäischen Union, Baden-Baden 2012, S. 8.

EU-Rechts, der institutionellen Ordnung und des europäischen Wirtschafts- und Wettbewerbsrechts für unser Programm ausgewählt. Frau *Wunderlich* wird sich in ihrem Eingangsreferat auf Probleme der richterlichen Kontrolldichte bei Beschränkungen der Grundfreiheiten aus mitgliedstaatlicher Sicht konzentrieren.

Den Beitrag von Herrn *Potacs* zur Relevanz des Solidaritätsprinzips für die Europäische Wirtschafts- und Währungsunion habe ich bereits erwähnt.

Nach der Kaffeepause wird – unter dem Vorsitz von Herrn *Hatje* – Herr *Becker* Fragen der europäischen Unionsbürgerschaft aufgreifen, zu der sich in jüngerer Zeit eine lebhafte Debatte entwickelt hat.

Die Reihe der Beiträge wird durch Herrn *Voet van Vormizeele* fortgesetzt, der über das grundsätzliche Thema „Die Stellung von Unternehmen im Wirtschafts- und Wettbewerbsrecht der Europäischen Union" referiert. Der Band wird durch einen Beitrag von Herrn *Bär-Bouyssière* beschlossen, der sich dem hochaktuellen Thema des „Nutzens des Kartellrechts zur Erzwingung von Innovation" widmet.

Ich möchte allen Referenten bereits jetzt für die Übernahme ihres Vortrags danken und weiß dies als Zeichen freundschaftlicher Verbundenheit sehr zu schätzen. In gleicher Weise freue ich mich über Ihr aller Kommen und darf Sie noch einmal sehr herzlich zu unserer Veranstaltung begrüßen. Wie gewohnt, ist auch dieses Mal geplant, die einzelnen Beiträge später in einem Band auch einem größeren Interessentenkreis zugänglich zu machen.

*Nina Wunderlich**

Richterliche Kontrolldichte bei Beschränkungen der Grundfreiheiten – Welcher Beurteilungsspielraum muss den Mitgliedstaaten verbleiben?

Einleitung

Zur Erreichung des in Art. 3 Abs. 3 EUV niedergelegten Ziels der Union, einen gemeinsamen Binnenmarkt zu errichten, kommt der Gewährleistung des freien Warenverkehrs, der Dienstleistungsfreiheit, der Personenfreizügigkeit sowie der Kapitalverkehrsfreiheit neben den unionsrechtlichen Instrumenten der Rechtsangleichung eine maßgebliche Rolle zu. Diese vier Grundfreiheiten waren seit Anbeginn der europäischen Integration Bestandteil der Römischen Verträge von 1958. Sie sind bis heute in ihrer Substanz von den Vertragsänderungen, die seitdem vorgenommen wurden, unangetastet geblieben. Der Europäische Gerichtshof hat in seiner Rechtsprechung die Wirkkraft dieser grundlegenden Rechte von Unternehmen und Bürgern maßgeblich gestärkt. Vor allem hat er ihren Anwendungsbereich in nunmehr langjähriger Rechtsprechungspraxis entscheidend ausgeformt und in richterlicher Fortentwicklung die Grundfreiheiten über reine Diskriminierungsverbote hinaus zu umfassenden Beschränkungsverboten ausgeweitet. Demnach finden die Grundfreiheiten auch auf solche mitgliedstaatliche Regelungen Anwendung, die zwar EU-Ausländer weder rechtlich noch tatsächlich benachteiligen, sich aber dennoch hemmend auf den grenzüberschreitenden Verkehr auswirken. Gleichzeitig stellt der Gerichtshof in mittlerweile ständiger Rechtsprechung fest, dass die Mitgliedstaaten auch dort, wo die Europäische Union keine originäre Zuständigkeit besitzt, bei der Ausübung ihrer eigenen Befugnisse die Grundfreiheiten zu beachten haben.

Da somit der Anwendungsbereich der Grundfreiheiten weit in den Bereich nationaler Zuständigkeit hineinreicht, können auch nationale Vorschriften, die rein interne Sachverhalte regeln und keinerlei rechtliche oder tatsächliche Diskriminierung von EU-Ausländern enthalten, auf den Prüfstand der Grundfreiheiten gelangen. Damit stellt sich die Frage, welche Anforderungen an die mitgliedstaatliche Rechtfertigung solcher nationaler Regelungen zu stellen sind. Insbesondere unter-

* Ministerialrätin Dr. Nina Wunderlich leitet das Referat „Recht der EU" im Bundesministerium für Wirtschaft und Technologie. Die Verfasserin gibt in diesem Beitrag ausschließlich ihre persönliche Auffassung wieder.

13

sucht der vorliegende Beitrag, in welcher Detailtiefe die Mitgliedstaaten die unionsrechtliche Verhältnismäßigkeit unterschiedslos wirkender nationaler Maßnahmen nachzuweisen haben, welche richterliche Kontrolldichte in diesen Fällen anzulegen ist und ob den Mitgliedstaaten möglicherweise ein gewisser Beurteilungsspielraum einzuräumen ist.

Ausgangspunkt der Überlegungen sind eine Reihe von Vertragsverletzungsverfahren, die die Kommission im Hinblick auf raumplanerische Regelungen in Zusammenhang mit der Ansiedlung großflächiger Einzelhandelsbetriebe gegen verschiedene Mitgliedstaaten, hierunter auch Deutschland[1], erhoben hat. In einem solchen Verfahren gegen Spanien hat der Gerichtshof im Jahr 2011 bereits ein Urteil gefällt.[2] Diesen Verfahren gemeinsam ist die Tatsache, dass es sich bei den nationalen Regelungen, die die Kommission wegen Verstoßes gegen die Niederlassungsfreiheit gem. Art. 49 AEUV rügt, um unterschiedslos auf inländische wie ausländische Sachverhalte anwendbare und somit rein beschränkende Maßnahmen handelt. Eine rechtliche oder tatsächliche (mittelbare) Diskriminierung macht die Kommission nicht geltend bzw. konnte diese im Verfahren gegen Spanien nicht nachweisen.[3] Zwar hält die Kommission eine Rechtfertigung dieser Beschränkungen durch zwingende Gründe des Allgemeinwohls für möglich 🕮 im vorliegenden Fall etwa aus Gründen des Umweltschutzes, einer geordneten städtebaulichen Entwicklung, des Schutzes vor Zersiedelung und des schonenden Umgangs mit Flächen. Im gleichen Atemzug verlangt sie jedoch in den deutschen Verfahren von der Bundesrepublik einen überaus detaillierten Nachweis der Verhältnismäßigkeit der streitbefangenen Regelungen. Der Gerichtshof scheint im Verfahren gegen

---

1 Gegenstand der deutschen Verfahren sind planungsrechtliche Bestimmungen der Länder Nordrhein-Westfalen und Niedersachsen sowie der Region Stuttgart, die die Ansiedlung von großflächigen Einzelhandelsbetrieben mit sog. zentrenrelevanten Sortimenten außerhalb von geschlossenen Ortschaften beschränken. Das Landesentwicklungsprogramm Nordrhein-Westfalen sieht etwa vor, dass außerhalb von sog. zentralen Versorgungsbereichen lediglich Einzelhandelsbetriebe mit einem zentrenrelevanten Sortiment von weniger als 10% höchstens aber mit einer Größe von 2500 m² zulässig sind. Vergleichbare Einschränkungen finden sich im niedersächsischen Raumordnungsrecht und im Regionalplan Stuttgart. Der Begriff des zentrenrelevanten Sortiments beschreibt solche Produkte, die den Bedarf des täglichen Lebens decken wie Lebensmittel, Haushaltswaren, Kleidung u.ä. Vgl. hierzu O. Dziallas, Großflächige Einzelhandelsbetriebe: Das deutsche Planungsrecht auf dem europäischen Prüfstand, NZBau 2010, 618 ff.
2 EuGH, Urt. v. 24.3.2011, Rs. C-400/08, Kommission/Spanien, Slg. 2011, I-1915. Vgl. zu dieser Entscheidung z.B. F. Donnat, Les restrictions imposées à l'implantation des grands établissements commerciaux peuvent être justifiées, Rev. Juridique de l'économie publique 2011, 23 ff.; F. Picod, Le dispositif espagnol relatif à la création du grandes surfaces mis à mal devant la Cour de justice, La Semaine du Droit International et Européen 2011, 393. Zu den Auswirkungen dieses Urteils auf das bundesdeutsche Planungsrecht siehe etwa C. Wiggers, Ansiedlung von Einzelhandelsbetrieben und EU-Niederlassungsfreiheit, NJW-Spezial 2011, 556 f.; T. Schröer/C. Kullick, Schutz des Einzelhandelsbestandes versus Niederlassungsfreiheit, NZBau 2011, 349 ff.
3 Vgl. hierzu EuGH, Urt. v. 24.3.2011, Rs. C-400/08, Kommission/Spanien, Slg. 2011, I-1915 Rn. 58 ff. ; GA'in Sharpston, Schlussanträge in der Rs. C-400/08, Rn. 47 ff.

14

Spanien einige der streitgegenständlichen Regelungen trotz ihres rein beschränkenden Charakters ebenfalls einem detaillierten Verhältnismäßigkeitstest unterwerfen zu wollen.

Bevor der damit verbundenen Frage der richterlichen Kontrolldichte bei unterschiedslos wirkenden nationalen Maßnahmen – auch anhand des erwähnten Urteils des Gerichtshofs im Verfahren gegen Spanien – näher nachgegangen wird (siehe unter 2.), soll im Folgenden zunächst die erwähnte Rechtsprechung des Europäischen Gerichtshofs zu den Grundfreiheiten als Beschränkungsverboten einschließlich der Bemühungen, den damit sehr weiten Anwendungsbereich der Grundfreiheiten wieder einzugrenzen, umrissen werden (1.).

1. Die Rechtsprechung des Europäischen Gerichtshofs zum Anwendungsbereich der Grundfreiheiten

a) Von Diskriminierungs- zu Beschränkungsverboten

Bei der Warenverkehrsfreiheit hatte der Gerichtshof das Verbot von Maßnahmen gleicher Wirkung in der Definition der sog. *Dassonville-Formel*[4] zunächst nur auf diskriminierende nationale Maßnahmen angewandt. Bereits 1979 hat er dann aber eine wichtige Ausweitung vorgenommen, indem er in seiner berühmten Entscheidung *Cassis-de-Dijon* klargestellt hat, dass Art. 34 AEUV auch unterschiedslos anwendbare Maßnahmen verbietet.[5] Gegenstand dieses Verfahrens war eine deutsche Regelung über den Mindestalkoholgehalt von Fruchtlikören, die nicht nach der Herkunft des Produkts unterschied. Der Gerichtshof hat diese Regelung, ohne ihren nichtdiskriminierenden Charakter näher zu thematisieren, am Maßstab des Art. 30 EWG-Vertrag (heute Art. 34 AEUV) gemessen und sich dabei auf die Frage konzentriert, ob die Festlegung des Mindestalkohols durch zwingende Gründe des Allgemeinwohls gerechtfertigt ist.[6]

Für die im Rahmen des vorliegenden Beitrags vorrangig interessierende Niederlassungsfreiheit hat der Gerichtshof im Jahr 1984 im Fall *Klopp,* in dem es um das französische Verbot, zwei Kanzleien zu unterhalten ging, eine Verletzung be-

---

4 Siehe EuGH, Urt. v. 11.7.1974, Rs. 8/74, Dassonville, Slg. 1974, 837 Rn. 5: „*Jede Handelsregelung der Mitgliedstaaten, die geeignet ist, den innergemeinschaftlichen Handel unmittelbar oder mittelbar, tatsächlich oder potentiell zu behindern ist als Maßnahme mit gleicher Wirkung wie eine mengenmässige Beschränkung anzusehen.*"
5 EuGH, Urt. v. 20.2.1979, Rs. 120/78, Slg. 1979, 649.
6 EuGH, Urt. v. 20.2.1979, Rs. 120/78, Slg. 1979, 649 Rn. 8 ff. Vgl. zu diesem Urteil und zu seiner Bedeutung für die Entwicklung der Warenverkehrsfreiheit zum Beschränkungsverbot auch *Becker*, in: Schwarze (Hrsg.), EU-Kommentar, 3. Aufl. 2012, Art. 34 Rn. 42 ff.; *Leible/ Streinz*, in: Grabitz/Hilf (Hrsg.), EU-Kommentar, Art. 34 Rn. 67 ff.

jaht, obwohl dieses Verbot gleichermaßen für In- und Ausländer galt.[7] In der Rechtssache *Gebhard* hat der Gerichtshof dann später die bereits im Verfahren *Klopp* angelegte und in weiteren Urteilen[8] angedeutete Auslegung der Niederlassungsfreiheit als Beschränkungsverbot bestätigt.[9] Gegenstand des *Gebhard*-Verfahrens waren Regelungen des italienischen anwaltlichen Standesrechts, die bestimmte Voraussetzungen für das Tragen des Titels „avvocato" festsetzten und bei Verletzung dieser Bestimmungen die Durchführung eines Disziplinarverfahrens vorsahen. Der Gerichtshof unterwarf auch diese Regelungen – die wiederum gleichermaßen für In- und Ausländer galten – als *„nationale Maßnahmen, die die Ausübung der durch den Vertrag garantierten grundlegenden Freiheiten behindern oder weniger attraktiv machen können"* dem Anwendungsbereich der Niederlassungsfreiheit.

Eine so weite Auslegung der Grundfreiheiten verfolgt der Gerichtshof nicht in allen Politikbereichen mit gleicher Konsequenz. So ist etwa im Steuerrecht eine gewisse Tendenz zu erkennen, den Tatbestand der Kapitalverkehrsfreiheit – der bereits seinem Wortlaut nach Beschränkungen umfasst – und auch den der Niederlassungsfreiheit letztlich doch auf unmittelbare und mittelbare Diskriminierungen zu beschränken. Reine Beschränkungen hat der Gerichtshof in diesem Bereich wohl mit Bedacht nicht am Maßstab der jeweils einschlägigen Grundfreiheit gemessen.[10]

---

7 EuGH, Urteil vom 12.7.1984, Rs. 107/83, Klopp, Slg. 1984, S. 2941 Rn. 19. Allerdings verweist der EuGH hier auch auf den Wortlaut des Art. 49 Abs. 1 Satz 2 AEUV (damals Art. 52 Abs. 1 S. 2 EWG), wonach sich die Niederlassungsfreiheit nicht darauf beschränkt, nur eine Niederlassung innerhalb der EU zu gründen, sondern ausdrücklich das Recht zur Gründung von Zweigniederlassungen etc. einräumt.

8 Siehe insbes. EuGH, Urt. v. 31.3.1993, Rs. 19/92, Kraus, Slg. 1993, I-1663 Rn. 32 (zu unterschiedslos geltender Genehmigungspflicht für das Führen eines ergänzenden akademischen Grades).

9 EuGH, Urt. v. 30.11.1995, Rs. C-55/94, Gebhard, Slg. 1995, I-4165 Rn. 37.

10 Siehe sehr deutlich insoweit EuGH, Urt. v. 22.11.2012, Rs. C-600/10, Kommission/Deutschland, n.v., Rn. 26: *„Die **Verletzung** der Verpflichtungen der Bundesrepublik Deutschland aus **Art. 63 AEUV kann jedoch nicht als rechtlich hinreichend nachgewiesen angesehen werden, wenn** es der Kommission nicht gelingt, ein plausibles Beispiel für eine Situation anzuführen, in der dieser Mitgliedstaat die gebietsfremden Pensionsfonds in der Praxis **tatsächlich ungünstiger behandelt hat** als die gebietsansässigen Pensionsfonds [...]. Vgl. hierzu auch J. Kokott/H. Ost*, Europäische Grundfreiheiten und nationales Steuerrecht, EuZW 2011, 496, 498: *„die Anwendung eines solchen **Beschränkungsverbots im Bereich des Steuerrechts ist besonders heikel, da letztlich jede Steuererhebung die Ausübung der Grundfreiheit weniger attraktiv machen kann.** Würde das Verbot tatsächlich in seiner Reinform, d.h. selbst auf diskriminierungsfreie Regelungen angewendet und geprüft, [...] so wären die direkten Steuern einer sehr weitgehenden unionsrechtlichen Kontrolle ausgesetzt. [...] Betrachtet man die EuGH-Rechtsprechung zu den direkten Steuern näher, so ist festzustellen, dass selbst dann, wenn von Beschränkung die Rede ist, es letztlich immer um Fälle geht, in denen Inlands- und grenzüberschreitende Situationen ungleich behandelt werden. **Soweit ersichtlich hat der EuGH, obwohl er regelmäßig von Beschränkung spricht, den reinen Beschränkungstest im Bereich der direkten Steuern noch nicht angewandt.** (m.w.N.)"*

Abgesehen von den genannten Ausnahmen, ist jedoch mittlerweile von einer gefestigten Rechtsprechung des Gerichtshofs auszugehen, wonach alle Grundfreiheiten grundsätzlich als Beschränkungsverbote[11] anzusehen sind. Auch in dem erwähnten Vertragsverletzungsverfahren gegen Spanien hat der Gerichtshof eine Beschränkung der Niederlassungsfreiheit durch die raumplanerischen Regelungen bejaht, nachdem er nach eingehender Betrachtung zu dem Ergebnis gekommen war, dass die Kommission die von ihr behauptete mittelbare Diskriminierung nicht ausreichend nachgewiesen habe.[12]

b) Übertragung der Rechtsprechung in Keck und Mithouard?

Mit der Entscheidung in der Rechtssache *Keck und Mithouard* hat der Gerichtshof eine wichtige Einschränkung des weit gefassten Anwendungsbereichs der Warenverkehrsfreiheit vorgenommen, der sich aus der Anwendung der Dassonville-Formel und der Fortentwicklung des Diskriminierungsverbots zum Verbot reiner Beschränkungen ergibt. In dieser Entscheidung bestätigte zwar der EuGH unter Bezugnahme auf seine *Cassis da Dijon*-Entscheidung ausdrücklich, dass auch unterschiedslos geltende nationale Regelungen grundsätzlich in den Anwendungsbereich der Warenverkehrsfreiheit fallen.[13] Für Vorschriften, die sog. Verkaufsmodalitäten beschränken oder verbieten, schränkte der Gerichtshof diese Feststellung aber wieder ein. Verkaufsmodalitäten seien nämlich

„nicht geeignet, den Handel zwischen den Mitgliedstaaten im Sinne des Urteils Dassonville [...] unmittelbar oder mittelbar, tatsächlich oder potentiell zu behindern, sofern diese Bestimmungen für alle betroffenen Wirtschaftsteilnehmer gelten, die ihre Tätigkeit im Inland ausüben, und sofern sie den Absatz der inländischen Erzeugnisse und der Erzeugnisse aus anderen Mitgliedstaaten rechtlich wie tatsächlich in der gleichen Weise berühren. "[14]

11 Vgl. zur Dienstleistungsfreiheit EuGH, Urt. v. 3.12.1974, Rs. 33/74, van Binsbergen, Slg. 1974, 1299 Rn. 10/12; siehe hierzu ausführlich mwN etwa *M. Holoubek*, in Schwarze (Hrsg.), EU-Kommentar, Art. 56, 57 Rn. 69 ff.; *W. Kluth*, in: Calliess/Ruffert, EUV/AEUV, Art. 57 Rn. 57 ff. Zur Arbeitnehmerfreizügigkeit siehe insbes. EuGH, Urt. v. 17.3.2005, Rs. C-109/04, Kranemann, Slg. 2005, I-2421 Rn. 25/26 mwN; EuGH, Urt. v. 16.3.2010, Rs. C-325/08, Olympique Lyonnais, Slg. 2010, I-2177 Rn. 34 Vgl. hierzu auch z.B. *U. Forsthoff*, in: Grabitz/Hilf/Nettesheim, EU-Kommentar, Art. 45 Rn. 187 ff.; *H. Schneider/N. Wunderlich*, in: Schwarze (Hrsg.), EU-Kommentar, Art. 45 Rn. 42 ff. jeweils mit weiteren Nachweisen.
12 Vgl. EuGH, Urt. v. 24.3.2011, Rs. C-400/08, Kommission/Spanien, Slg. 2011, I-1915 Rn. 58 ff.; GA'in *Sharpston*, Schlussanträge in der Rs. C-400/08, Rn. 47 ff.
13 EuGH, Urt. v. 24.11.1993, verb. Rsen. C-267/91 und C-268/91, Keck und Mithouard, Slg. 1993, I-6097 Rn. 15.
14 EuGH, Urt. v. 24.11.1993, verb. Rsen. C-267/91 und C-268/91, Keck und Mithouard, Slg. 1993, I-6097 Rn. 16.

Danach fallen nur solche mitgliedstaatlichen Maßnahmen in den Anwendungsbereich des Art. 34 AEUV, die nicht rein vertriebsbezogen sind, sondern sich als produktbezogene Maßnahmen auf den Marktzugang auswirken.[15] Eine ähnliche Abgrenzung hat der Gerichtshof später auch bei der Arbeitnehmerfreizügigkeit vorgenommen, indem er nur solche Maßnahmen, die den Zugang der Arbeitnehmer zum Arbeitsmarkt beeinflussen, dem Anwendungsbereich dieser Grundfreiheit unterwarf.[16]

Im Hinblick auf die hier für die genannten Vertragsverletzungsverfahren im Vordergrund stehende Niederlassungsfreiheit hat der Europäische Gerichtshof bislang – soweit ersichtlich – nicht ausdrücklich auf seine Rechtsprechung in *Keck und Mithouard* Bezug genommen. In der Literatur wird jedoch vertreten, dass auch der Anwendungsbereich der Niederlassungsfreiheit nur dann eröffnet sei, wenn eine unterschiedslos anwendbare nationale Maßnahme des Herkunfts- oder Aufnahmestaats sich spezifisch behindernd auf den Zugang zum Markt des Aufnahmestaates auswirke.[17] In diesem Sinne hatten auch Dänemark und Spanien in dem Vertragsverletzungsverfahren gegen Spanien argumentiert, dass die Niederlassungsfreiheit nur dann berührt sein könne, wenn die allgemein wirkende nationale Regelung sich unmittelbar auf den Marktzugang von Wirtschaftsteilnehmern auswirke. Zudem fielen die streitigen nationalen Regelungen des Raumordnungsrechts auch deshalb nicht unter die Niederlassungsfreiheit, da sie jedenfalls keine ausreichend erhebliche Beeinträchtigung dieser Grundfreiheit bewirkten. Generalanwältin *Sharpston* lässt in ihren Schlussanträgen offen, inwiefern diese Argumente im Grundsatz der Anwendbarkeit der Niederlassungsfreiheit entgegen stehen könnten. Im konkreten Fall sieht sie jedenfalls die Schwelle einer erheblichen Beeinträchtigung und unmittelbaren Auswirkung auf den Marktzugang von Wirtschaftsteilnehmern als erfüllt an. Sie führt insoweit aus:

„Auch wenn ich dem Gedanken etwas abgewinnen kann, dass Art. 43 EG [heute Art. 49 AEUV] nicht für geringfügige Auswirkungen von Regelungen herangezogen werden sollte und dass es möglicherweise wünschenswert ist, wenn der Gerichtshof einen ausdrücklich kohärenten Ansatz im Sinne der vom Urteil Keck und Mithouard ausgehenden Rechtsprechung bezüglich aller

---

15 Vgl. ausführlich hierzu *U.Becker*, in Schwarze (Hrsg.), EU-Kommentar, 3. Aufl. 2012, Art. 34 Rn. 48 ff.
16 Siehe EuGH, Urt. v. 27.1.2000, Rs. C-190/98, Graf/Filzmoser Maschinenbau GmbH, Slg. 2000, I-493 Rn. 23. Siehe näher hierzu *H. Schneider/N. Wunderlich*, in: Schwarze (Hrsg.), EU-Kommentar, Art. 45 Rn. 46. Vgl. zu einer Übertragung der Keck-Rechtsprechung auf die Kapitalverkehrsfreiheit gem. Art. 63 AEUV EuGH, Urt. v. 8.7.2010, Rs. C-171/08, Kommission/Portugal, Slg. 2010, I-6817 Rn. 63, 65 ff.
17 Vgl. *Müller-Graff*, in: Streinz (Hrsg.), EUV/AEUV, 2. Aufl. 2012, Art. 49 Rn. 58, 62. Siehe auch *Forsthoff*, in; Grabitz/Hilf/Nettesheim (Hrsg.), EUV/AEUV, Art. 49 Rn. 68.

durch den Vertrag garantierten Grundfreiheiten verfolgt, so glaube ich doch nicht, dass diese Erwägungen die Einschlägigkeit von Art. 43 EG im vorliegenden Fall in Frage stellen können.

Dass der Gerichtshof in bestimmten Urteilen auf die Schwere eines konkreten Eingriffs in die Niederlassungsfreiheit hingewiesen hat, bedeutet nicht, dass er das Vorliegen eines schwerwiegenden Eingriffs zur Voraussetzung für die Anwendung von Art. 43 EG gemacht hätte, insbesondere angesichts des Umstands, dass er diesen Gesichtspunkt nicht systematisch hervorgehoben hat; eine solche Schlussfolgerung lässt sich auch nicht aus den in den angeführten Urteilen gewählten Formulierungen herleiten. Im Übrigen habe ich nach dem Vorbringen der Kommission den Eindruck gewonnen, dass der beanstandete Eingriff in die Niederlassungsfreiheit prima facie schwerwiegend sein könnte".[18]

Der Gerichtshof setzt sich in seinem Urteil in der Rechtssache Kommission/Spanien nicht ausdrücklich mit der Frage einer etwaigen Übertragung der Grundsätze aus *Keck und Mithouard* auseinander. Er stellt insoweit lediglich fest, dass eine *"nationale Regelung, die die Niederlassung eines Unternehmens aus einem anderen Mitgliedstaat von der Erteilung einer vorherigen Erlaubnis abhängig macht"*, eine Beschränkung der Niederlassungsfreiheit bewirke.[19] Denn

„die streitige Regelung [hat] insgesamt zur Folge, dass sie Wirtschaftsteilnehmern anderer Mitgliedstaaten die Ausübung ihrer Tätigkeiten im Gebiet der Autonomen Gemeinschaft Katalonien mit Hilfe einer Betriebsstätte erschwert oder für sie weniger attraktiv macht und dadurch ihre Niederlassung auf dem spanischen Markt beeinträchtigt."[20]

In diesen Ausführungen kommt zum Ausdruck, dass die streitigen Genehmigungsvoraussetzungen für die Ansiedlung des Einzelhandels ihrem Wesen nach gerade nicht nur die Modalitäten einer Wirtschaftstätigkeit in dem spezifischen Mitgliedstaat regeln. Vielmehr definieren sie die Kriterien, unter denen sich großflächiger Einzelhandel überhaupt in Katalonien ansiedeln darf. Damit wirken sich die spanischen Regelungen zur Genehmigung des großflächigen Einzelhandels auf den Zugang der ansiedlungswilligen Wirtschaftsteilnehmer zum Markt des betreffenden Mitgliedstaats aus. Vor diesem Hintergrund hat der Gerichtshof hier in konsequenter Anwendung seiner Rechtsprechung zum Beschränkungsverbot eine Beeinträchtigung des Marktzugangs angenommen und zu Recht keine Notwendigkeit einer Einschränkung im Sinne der *Keck*-Rechtsprechung gesehen.

---

18 GA'in *Sharpston*, Schlussanträge in der Rs. C-400/08, Kommission/Spanien, Slg. 2011, I-1915 Rn. 75 und 76.
19 EuGH, Urt. v. 24.3.2011, Rs. C-400/08, Kommission/Spanien, a.a.O. Rn. 65.
20 EuGH, Urt. v. 24.3.2011, Rs. C-400/08, Kommission/Spanien, a.a.O. Rn. 70.

c) Rechtfertigung von Grundfreiheitsbeschränkungen

Einen weiteren Ausgleich für den durch die Entwicklung zu Beschränkungsverboten ausgedehnten Anwendungsbereich der Grundfreiheiten hat der Gerichtshof dadurch geschaffen, dass er im Falle von Beschränkungen der Grundfreiheiten den Mitgliedstaaten Rechtfertigungsgründe zubilligt, die über die geschriebenen Ausnahmetatbestände hinaus gehen. Während die geschriebenen Rechtfertigungsgründe eine Rechtfertigung von Eingriffen in die Grundfreiheiten im Wesentlichen nur aus Gründen der öffentlichen Ordnung, Sicherheit und Gesundheit erlauben[21], lässt der Europäische Gerichtshof bei reinen Beschränkungen ergänzend noch eine Rechtfertigung aus *„zwingenden Gründen des Allgemeininteresses"* zu. Als solche zwingenden Gründe kommen grundsätzlich *„alle mit dem Vertrag zu vereinbarenden berechtigten Zwecke"* in Betracht.[22] Lediglich rein wirtschaftliche, fiskalische oder administrative Erwägungen können nach der Rechtsprechung des Gerichtshofs nicht mit Erfolg als zwingende Gründe des Allgemeininteresses vorgetragen werden.[23] In Bezug auf nationale Beschränkungen der Ansiedlung großflächiger Einzelhandelsbetriebe hat der Gerichtshof in dem sogleich noch näher zu beleuchtenden Verfahren gegen Spanien festgestellt, dass auch die Ziele der Raumordnung und des Umweltschutzes grundsätzlich Belange darstellen, die eine Beschränkung der Niederlassungsfreiheit rechtfertigen können, sofern die entsprechenden nationalen Regelungen dann ihrerseits den Anforderungen des Verhältnismäßigkeitsgrundsatzes entsprechen.[24]

---

21 Siehe Art. 45 Abs. 3 AEUV (Arbeitnehmerfreizügigkeit): „Sie gibt – vorbehaltlich der aus Gründen der öffentlichen Ordnung, Sicherheit und Gesundheit gerechtfertigten Beschränkungen – den Arbeitnehmern das Recht [...]. Art. 52 Abs. 1 AEUV (Niederlassungsfreiheit): „Dieses Kapitel und die aufgrund desselben getroffenen Maßnahmen beeinträchtigen nicht die Anwendbarkeit der Rechts- und Verwaltungsvorschriften, die eine Sonderregelung für Ausländer vorsehen und aus Gründen der öffentlichen Ordnung, Sicherheit oder Gesundheit gerechtfertigt sind." Weitergehend in Bezug auf die Warenverkehrsfreiheit Art. 36 Satz 1 AEUV: „Die Bestimmungen der Art. 34 und 35 stehen Einfuhr-, Ausfuhr- und Durchfuhrverboten oder -beschränkungen nicht entgegen, die aus Gründen der öffentlichen Sittlichkeit, Ordnung und Sicherheit, zum Schutze der Gesundheit und des Lebens von Menschen, Tieren oder Pflanzen, des nationalen Kulturguts von künstlerischem, geschichtlichem oder archäologischem Wert oder des gewerblichen oder kommerziellen Eigentums gerechtfertigt sind [...]."
22 Siehe z.B. EuGH, Urt. v. 16.03.2010 Rs. C-325/08, Olympique Lyonnais, Slg. 2010, I-2177 Rn. 38-39 (zur Arbeitnehmerfreizügigkeit)
23 Vgl. etwa EuGH, Urt. v. 15.4.2010, Rs. C-96/08, CIBA, Slg. 2010, S. I-2911 Rn. 48.
24 EuGH, Urt. v. 24.3.2011, Rs. C-400/08, Kommission/Spanien, Slg. 2011, I-1915 Rn. 74, 80.

2. Überprüfung der Darlegungen zur Verhältnismäßigkeit – Kontrolldichte

a) Überprüfung der Verhältnismäßigkeit durch den Gerichtshof in der Rechtssache C-400/08, Kommission/Spanien

Bei Vorliegen eines anerkannten zwingenden Grundes des Allgemeininteresses überprüft der Gerichtshof, ob die beschränkende Regelung in nicht diskriminierender Weise angewandt wird, ob sie geeignet ist, die Verwirklichung des verfolgten Ziels zu gewährleisten und nicht über das hinausgeht, was zur Erreichung dieses Ziels erforderlich ist.[25]

Die Darlegungslast liegt insoweit bei den Mitgliedstaaten.[26] Sie müssen sowohl das Vorliegen eines zwingenden Grundes des Allgemeininteresses als auch die Verhältnismäßigkeit der nationalen Maßnahmen substantiiert vortragen.[27] In welcher Detailtiefe der Gerichtshof die Darlegungen der Mitgliedstaaten überprüfen will, lässt sich der Rechtsprechung des Gerichtshofs noch nicht abschließend entnehmen. In dem erwähnten Vertragsverletzungs-Urteil im Verfahren Kommission/ Spanien scheint der Gerichtshof den Mitgliedstaaten auf den ersten Blick zumindest einen gewissen Spielraum einzuräumen, wenn er ausführt:

„[...], dass es zwar Sache des Mitgliedstaats ist, der sich auf einen zwingenden Grund des Allgemeininteresses beruft, [...] darzutun, dass seine Regelung zur Erreichung des angestrebten legitimen Ziels geeignet und erforderlich ist, aber diese **Beweislast** *[...]* **nicht so weit** *[geht], dass* **dieser Mitgliedstaat positiv belegen müsste, dass sich dieses Ziel mit keiner anderen vorstellbaren Maßnahme unter den gleichen Bedingungen erreichen ließe.** *"*[28]

Der damit entstandene Eindruck einer gewissen – wenn auch eingeschränkten – Einschätzungsprärogative der Mitgliedstaaten wird jedoch durch andere Passagen

---

25 St. Rspr. s. z.B. EuGH, Urt. v. 30.11.1995, Rs. C-55/94, Gebhard, Slg. 1995, I-4165 Rn. 37.
26 Vgl. EuGH Rs. C-185/04, Öberg, Slg. 2006, I-1453 Rn. 22: "Außerdem ist darauf hinzuweisen, dass die Rechtfertigungsgründe, die von einem Mitgliedstaat geltend gemacht werden können, von einer Untersuchung der Geeignetheit und Verhältnismäßigkeit der von diesem Staat erlassenen beschränkenden Maßnahme begleitet sein müssen." S.a. Rs. C-147/03, Kommission/Österreich, Slg. 2005, I-5969 Rn. 63: „Überdies ist es Sache der nationalen Behörden, die sich auf eine Ausnahme vom fundamentalen Grundsatz der Freizügigkeit berufen, in jedem Einzelfall nachzuweisen, dass ihre Regelungen im Hinblick auf das verfolgte Ziel notwendig und verhältnismäßig sind. Neben den Rechtfertigungsgründen, die ein Mitgliedstaat geltend machen kann, muss dieser eine Untersuchung zur Geeignetheit und Verhältnismäßigkeit der von ihm erlassenen beschränkenden Maßnahme vorlegen sowie genaue Angaben zur Stützung seines Vorbringens machen (vgl. in diesem Sinne Urteile vom 13. November 2003 in der Rechtssache C-42/02, Lindman, Slg. 2003, I-13519, Randnr. 25, und vom 18. März 2004 in der Rechtssache C-8/02, Leichtle, Slg. 2004, I-2641, Randnr. 45)."
27 Vgl. *Schneider/Wunderlich*, in: Schwarze, EU-Kommentar, 3. Aufl. 2012, Art. 45 Rn. 44.
28 EuGH, Urt. v. 24.3.2011, Rs. C-400/08, Kommission/Spanien, Slg. 2011, I-1915 Rn. 75 mit Verweis auf Urt. v. 20.2.2009, Rs. C-110/05, Kommission/Italien, Slg. 2009, I-519 Rn. 66.

des Urteils wieder in Frage gestellt. Denn nachdem der Gerichtshof in Bezug auf weitere Bestimmungen des spanischen Raumordnungsrechts zu der Erkenntnis gekommen ist, dass die mit der

> *„streitigen Regelung auferlegten spezifischen Beschränkungen [...] insgesamt gesehen die Möglichkeit zur Eröffnung großer Einzelhandelseinrichtungen im Gebiet der Autonomen Gemeinschaft Katalonien spürbar ein[schränken]"*[29],

erlegt er den Mitgliedstaaten insoweit doch eine detaillierte Darlegung ihrer Zweckmäßigkeits- und Verhältnismäßigkeitserwägungen auf. Er führt nämlich aus, dass

> *„unter diesen Umständen [...] ein Mitgliedstaat neben den Rechtfertigungsgründen, die er für eine Ausnahme vom Grundsatz der Niederlassungsfreiheit geltend machen kann, eine **Untersuchung zur Zweckmäßigkeit und Verhältnismäßigkeit der von ihm erlassenen beschränkenden Maßnahme vorlegen** sowie **genaue Tatsachen zur Stützung seines Vorbringens** anführen [muss]"*.[30]

Da Spanien diesen Anforderungen nicht in allen Punkten ausreichend entsprochen hatte, nahm der Gerichtshof insoweit eine Verletzung der Niederlassungsfreiheit an.

Welche Konsequenzen aus diesem Urteil für die Frage der Kontrolldichte in Bezug auf die Darlegungen der Mitgliedstaaten zur Verhältnismäßigkeit der angegriffenen Maßnahme zu ziehen sind, ist nicht ganz eindeutig. Zum einen erscheint es widersprüchlich, wenn der Gerichtshof den Mitgliedstaaten in einem ersten Schritt zwar einen gewissen Spielraum einräumt, diesen dann aber in einem zweiten Schritt wieder dadurch einengt, dass er von dem Mitgliedstaat eine Untersuchung zur Verhältnismäßigkeit und *„genaue Tatsachen zur Stützung seines Vorbringens"* verlangt. Zum anderen wird nicht ganz klar, welche Bedeutung dem Hinweis des Gerichtshofs zukommt, dass es sich im spanischen Fall um eine *„spürbare"*[31] Einschränkung der Möglichkeit der Eröffnung von Einzelhandelseinrichtungen handelt, und dass *„unter diesen Umständen"*[32] der Mitgliedstaat genaue Tatsachen zur Stützung der Verhältnismäßigkeit der nationalen Maßnahme vorbringen muss.

---

29 EuGH, Urt. v. 24.3.2011, Rs. C-400/08, Kommission/Spanien, a.a.O. Rn. 82.
30 EuGH, Urt. v. 24.3.2011, Rs. C-400/08, Kommission/Spanien, a.a.O. Rn. 83 mit Verweis auf Urt. v. 22.12.2008, Rs. C-161/07, Kommission/Österreich, Slg. 2008, I-10671 Rn. 36 mwN.
31 EuGH, Urt. v. 24.3.2011, Rs. C-400/08, Kommission/Spanien, Slg. 2011, I-1915 Rn. 82.
32 EuGH, Urt. v. 24.3.2011, Rs. C-400/08, Kommission/Spanien, a.a.O. Rn. 83.

Dieser Aspekt klingt auch an anderer Stelle des Vertragsverletzungsurteils an, wenn der Gerichtshof feststellt:

> *„Angesichts dieser fehlenden Erläuterung und der spürbaren Auswirkungen der in Rede stehenden Beschränkungen der Möglichkeit zur Eröffnung großer Einzelhandelseinrichtungen im Gebiet der Autonomen Gemeinschaft Katalonien ist festzustellen, dass die hierzu erlassenen Beschränkungen der Niederlassungsfreiheit nicht gerechtfertigt sind.* "[33]

Den Einwand Dänemarks und Spaniens, dass eine Beschränkung der Niederlassungsfreiheit im Sinne der Rechtsprechung des Gerichtshofs schon deshalb ausscheide, weil die Beeinträchtigung zumindest nicht *„erheblich"* oder *„ernsthaft"* sei[34], hatte Generalanwältin *Sharpston,* wie bereits dargelegt, zurückgewiesen.[35] Der Gerichtshof geht in Bezug auf die Frage, ob eine Beschränkung der Niederlassungsfreiheit gegeben ist, auf ein *„Erheblichkeits- oder Spürbarkeitskriterium"* nicht ein, sondern begründet das Vorliegen einer solchen Beschränkung allein damit, dass die streitige Regelung zur Folge hat, dass den betroffenen Wirtschaftsteilnehmern die Ausübung ihrer Tätigkeiten erschwert oder weniger attraktiv gemacht würde.[36]

Ob die zitierten Formulierungen des Gerichtshofs dennoch so zu verstehen sind, dass die Spürbarkeit der Beeinträchtigung ein Kriterium für höhere Anforderungen an die Darlegungen der Mitgliedstaaten zur Verhältnismäßigkeit der streitigen Maßnahme darstellt, erscheint mangels vertiefter Ausführungen des Gerichtshofs eher zweifelhaft. Aber selbst wenn sich dem Urteil eine solche Spürbarkeitsschwelle für die Bestimmung der mitgliedstaatlichen Darlegungslast entnehmen ließe, wäre nach der hier vertretenen Auffassung ein solcher Ansatz nicht zielführend. Vielmehr erscheint der vom Gerichtshof eingeräumte Spielraum, der sich nach dem Urteil Kommission/Spanien darauf beschränkt, dass die Mitgliedstaaten *„nicht positiv belegen"* müssen, dass sich das von ihnen verfolgte Ziel *„mit keiner anderen vorstellbaren Maßnahme unter den gleichen Bedingungen erreichen ließe"* [37], für nationale Regelungen, die wie die streitigen spanischen Maßnahmen keinerlei rechtliche oder tatsächliche Ungleichbehandlung von Wirtschaftsteilnehmern aus anderen Mitgliedstaaten bewirken, in jedem Fall zu eng.

---

33 EuGH, Urt. v. 24.3.2011, Rs. C-400/08, Kommission/Spanien, a.a.O. Rn. 85. Hervorhebung von der Verfasserin.
34 Wiedergegeben in SA'en der GA'in *Sharpston,* Rs. C-400/08, Kommission/Spanien, a.a.O. Rn. 65.
35 GA'in *Sharpston,* Schlussanträge in der Rs. C-400/08, Kommission/Spanien, a.a.O. Rn. 76. Siehe hierzu oben 1.b)
36 EuGH, Urt. v. 24.3.2011, Rs. C-400/08, Kommission/Spanien, a.a.O. Rn. 70.
37 EuGH, Urt. v. 24.3.2011, Rs. C-400/08, Kommission/Spanien, Slg. 2011, I-1915 Rn. 75 mit Verweis auf Urt. v. 20.2.2009, Rs. C-110/05, Kommission/Italien, Slg. 2009, I-519 Rn. 66.

b) Erforderlichkeit eines Beurteilungsspielraums für die Mitgliedstaaten

Aufgrund der weiten Auslegung ihres Anwendungsbereichs durch den Gerichtshof als allgemeine Beschränkungsverbote wirken die Grundfreiheiten weit in Bereiche nationaler Regelungszuständigkeit hinein und führen letztlich dazu, dass jede für den Einzelnen belastende nationale Regelung auf die Goldwaage des Unionsrechts gelegt wird ☞ und zwar unabhängig davon, ob sie EU-Ausländer tatsächlich benachteiligt oder nicht. Diese extensive Auslegung des Anwendungsbereichs der Grundfreiheiten macht sich besonders in den Bereichen bemerkbar, in denen die Europäische Union – wie im Raumordnungsrecht[38] – keine originäre Gesetzgebungskompetenz besitzt. Denn auch in diesen Bereichen – so die ständige Rechtsprechung des Gerichtshofs – müssen mitgliedstaatliche Regelungen mit den Grundfreiheiten vereinbar sein.[39]

Die weite Auslegung der Grundfreiheiten an sich mag durch das Ziel der Verwirklichung eines einheitlichen Binnenmarkts und einer damit einhergehenden notwendigen Eröffnung der Kontrollmöglichkeiten durch Kommission und Gerichtshof gerechtfertigt sein. Der damit verbundene Eingriff in Bereiche nationaler Gesetzgebungszuständigkeit ist aber sehr – und wohl auch zu ☞ weitgehend. Daher erscheint es zur Wahrung der nationalen Zuständigkeitsbereiche geboten, den weiten Anwendungsbereich der Grundfreiheiten auf der einen Seite durch einen entsprechend weiten Beurteilungsspielraum der Mitgliedstaaten auf der anderen Seite auszutarieren. Generalanwältin *Trstenjak* hat in einem wissenschaftlichen Beitrag ausgeführt, dass es

> „möglich [sei], den diskriminierenden Charakter von Grundfreiheiten beschränkenden Maßnahmen durch eine striktere Überprüfung ihrer Erforderlichkeit sowie ihrer Angemessenheit zu berücksichtigen".[40]

---

38 Art. 192 Abs. 2 Buchstabe b), 1. Spiegelstrich enthält zwar im Rahmen des Kapitels Umweltpolitik die Ermächtigung zum Erlass unionsrechtlicher Maßnahmen, die „die Raumordnung berühren". Hierbei handelt es sich jedoch um eine Ausnahmeregelung, die daher auch einem Einstimmigkeitserfordernis unterliegt. Eine Kompetenz der Union für das Raumordnungsrecht besteht dagegen nicht (vgl. *A. Käller*, in: Schwarze (Hrsg.), EU-Kommentar, Art. 192 Rn. 22; *W. Kahl*, in: Streinz (Hrsg.), EUV/AEUV, 2. Aufl. 2012, Art. 192 Rn. 25; *C. Calliess*, in: Calliess/Ruffert, EUV/AEUV, Art. 192 Rn. 76).

39 Vgl. grundlegend EuGH, Urt. v. 11.1.2000, Rs. C-285/98, Tanja Kreil, Slg. 2000, I-69 Rn. 15 ff. (zum Grundsatz der Gleichbehandlung von Mann und Frau). Siehe zur Geltung der Grundfreiheiten im Bereich der direkten Steuern z.B. EuGH, Urt. v. 14.2.1995, Rs. C-279/93 Finanzamt Köln-Altstadt gegen Roland Schumacker, Slg. 1993, I-225 Rn. 21; EuGH, Urt. v. 13.12.2005, Rs. C-446/03, Marks & Spencer, Slg. 2005, I-10837 Rn. 29; EuGH, Urt. v. 12.9.2006, Rs. C-196/04, Schweppes Cadbury, Slg. 2006, I-7995 Rn. 40; EuGH, Urt. v. 29.3.2007, Rs. C-347/04, Rewe Zentralfinanz, Slg. 2007, I-2647 Rn. 21;.

40 *V. Trstenjak/E. Beysen*, Das Prinzip der Verhältnismäßigkeit in der Unionsrechtsordnung, EuR 2012, S. 265 (277). Siehe auch GA'in *Trstenjak*, Schlussanträge in der Rs. C-28/09 (Kommission/Österreich), n.v., Rn. 90.

Hieraus lässt sich der Gegenschluss ziehen, dass es ebenso möglich sein sollte, den *nicht*diskriminierenden Charakter von Grundfreiheitsbeschränkungen durch eine behutsamere Überprüfung der Verhältnismäßigkeit zu berücksichtigen.

Generell scheint es daher geboten, den Mitgliedstaaten in solchen Fallkonstellationen, in denen es um die unionsrechtliche Bewertung einer rein nationalen Beschränkung von Grundfreiheiten geht, einen weiten Beurteilungsspielraum einzuräumen. Denn nur ein solcher Spielraum, der den Mitgliedstaaten ausreichend Raum zur Anwendung ihrer eigenen Wertungen lässt, trägt der Tatsache Rechnung, dass sich die Kommission und der Gerichtshof bei der Kontrolle nichtdiskriminierender Grundfreiheitsbeschränkungen im Bereich originärer nationaler Zuständigkeit bewegen und dass sie diese Zuständigkeit im Rahmen der loyalen Zusammenarbeit zwischen der Union und ihren Mitgliedstaaten zu beachten haben.

Parallelen für die Zubilligung weiter Ermessenspielräume finden sich in der Rechtsprechung des Gerichtshofs bereits heute in großer Zahl. Exemplarisch sei hier zunächst der Bereich des Wettbewerbsrechts (insbes. des Beihilferechts) genannt, in dem der Gerichtshof der Kommission in Fragen, bei denen komplexe wirtschaftliche Beurteilungen erforderlich sind, einen Beurteilungsspielraum zubilligt.[41] Ferner räumt der Gerichtshof auch dem Unionsgesetzgeber bei der Schaffung von Sekundärrecht eine weite Einschätzungsprärogative ein. Dies gilt gerade da, wo es um die Beurteilung der Verhältnismäßigkeit von europäischen Sekundärrechtsakten geht.[42]

---

41 Vgl. z.B. EuGH, Urt. v. 8.12.2011, Rs. C-389/10 P, KME Germany AG u.a./Kommission, n.v., Rn. 121.
42 Siehe etwa EuGH, Urt. v. 10.12.2002, Rs. C-491/01, British American Tobacco, Slg. 2002, I-11453 Rn. 123; EuGH, Urt. v. 12.12.2006, Rs. Deutschland/Parlament und Rat (zweite Tabak-Werbe-Richtlinie), Slg. 2006, I-11573 Rn. 145; EuGH, Urt. v. 8.6.2010, Rs. C-58/08, Vodafone, Slg. 2010, I-4999 Rn. 51 ff.

Dieser Rechtsprechung liegt die Erwägung zugrunde, dass der Unionsgesetzgeber komplexe Einschätzungen und Prognosen zu fällen hat; [43] ein Gesichtspunkt, der meines Erachtens genauso auf den nationalen Gesetzgeber zutrifft.[44]

Der Gerichtshof hat den hier propagierten Gedanken eines mitgliedstaatlichen Beurteilungsspielraums in Bezug auf Maßnahmen, die die Grundfreiheiten beschränken, in Teilen seiner Rechtsprechung bereits aufgenommen – auch wenn seine Begründung in eine etwas andere Richtung zielt.

So hat er in verschiedenen Urteilen nationale Wertvorstellungen in die Auslegung der Rechtfertigungsgründe für Grundfreiheitsbeeinträchtigungen einfließen

---

43 So z.B. führt der EuGH etwa in seinem Urt. v. 10.12.2002, Rs. C-491/01, British American Tobacco, Slg. 2002, I-11453 Rn. 122 und 123 aus: *[122] Nach dem Grundsatz der Verhältnismäßigkeit, der zu den allgemeinen Grundsätzen des Gemeinschaftsrechts gehört, müssen die von einer gemeinschaftsrechtlichen Bestimmung eingesetzten Mittel zur Erreichung des angestrebten Zieles geeignet sein und dürfen nicht über das dazu Erforderliche hinausgehen (u. a. Urteile vom 18. November 1987 in der Rechtssache 137/85, Maizena, Slg. 1987, Randnr. 15, vom 7. Dezember 1993 in der Rechtssache C-339/92, ADM Ölmühlen, Slg. 1993, I-6473, Randnr. 15, und vom 11. Juli 2002 in der Rechtssache C-210/00, Käserei Champignon Hofmeister, Slg. 2002, I-6453, Randnr. 59). [123]Was die gerichtliche Nachprüfbarkeit der in der vorstehenden Randnummer genannten Voraussetzungen betrifft, **so verfügt der Gemeinschaftsgesetzgeber über ein weites Ermessen** in einem Bereich wie dem hier betroffenen, **in dem von ihm politische, wirtschaftliche und soziale Entscheidungen verlangt werden und in dem er komplexe Prüfungen durchführen muss.** Folglich ist eine in diesem Bereich erlassene Maßnahme nur dann rechtswidrig, wenn sie zur Erreichung des Zieles, das das zuständige Organ verfolgt, **offensichtlich ungeeignet ist** (in diesem Sinn Urteile vom 12. November 1996 in der Rechtssache C-84/94, Vereinigtes Königreich/Rat, Slg.1996, I-5755, Randnr. 58, vom 13. Mai 1997 in der Rechtssache C-233/94, Deutschland/Parlament und Rat, Slg. 1997, I-2405, Randnrn. 55 und 56, und vom 5. Mai 1998 in der Rechtssache C-157/96, National Farmers' Union u. a., Slg. 1998, I-2211, Randnr. 61).*

44 Vgl. hierzu aber GA *Colomer*, SA'e v. 6.11.2008, Rs. C-326/07, Kommission/Italien, Slg. 2009, I-2291 Rn. 61: „[…] *dient der Verhältnismäßigkeitsgrundsatz, wenn es um die Beurteilung der Vereinbarkeit nationaler Bestimmungen, die Auswirkungen auf die Grundfreiheiten haben, mit dem Vertrag geht, der Förderung der Integration der Märkte, und der Gerichtshof wendet ihn strenger an, als er es im Hinblick auf Bestimmungen der Gemeinschaftsorgane tut* (m.w.N.).

lassen und den Mitgliedstaaten insoweit einen gewissen Bewertungsspielraum eingeräumt. [45] Als Beispiel hierfür ist das Urteil des Gerichtshofs im Vorabentscheidungsverfahren *Omega Spielhallen- und Automatenaufstellungs-GmbH*[46] hervorzuheben. Gegenstand dieses Verfahrens war die Untersagung der gewerblichen Veranstaltung von Laser-Spielen mit simulierten Tötungshandlungen. Die Klägerin des Ausgangsverfahrens betrieb eine Anlage mit dem Namen „Laserdrome", in der unter anderem Spiele veranstaltet wurden, bei denen mit maschinenpistolenähnlichen Laserzielgeräten auf Spieler geschossen wurde, die Westen mit angebrachten Sensorempfängern trugen. Ausstattung und Technik sollten zukünftig auf Grund eines Franchise-Vertrages von einer britischen Firma geliefert werden. Im Vereinigten Königreich wurde diese Spielvariante rechtmäßig vermarktet. Die Stadt Bonn erließ die Untersagungsverfügung mit der Begründung, dass diese Spiele aufgrund der simulierten Tötungshandlungen und der damit einhergehenden Verharmlosung von Gewalt gegen die grundlegenden Wertvorstellungen der Allgemeinheit verstießen und daher eine Gefahr für die öffentliche Ordnung darstellten. Das Bundesverwaltungsgericht, legte dem Gerichtshof die Frage vor, ob eine Einschränkung der Grundfreiheiten – in diesem Fall insbesondere der Dienstleistungsfreiheit – davon abhinge, dass diese Einschränkung auf einer allen Mitgliedstaaten gemeinsamen Rechtsauffassung beruhe.

---

45   Siehe auch etwa im Bereich des Glückspiels EuGH, Urt. v. 15.9.2011, Rs. C-347/09, Dickinger und Ömer, n.v. Rn. 45: Zudem hat der Gerichtshof wiederholt darauf hingewiesen, dass **die sittlichen, religiösen oder kulturellen Besonderheiten** und die mit Glücksspielen und Wetten einhergehenden sittlich und finanziell schädlichen Folgen für den Einzelnen wie für die Gesellschaft es rechtfertigen können, den **staatlichen Stellen ein ausreichendes Ermessen** zuzuerkennen, **um im Einklang mit ihrer eigenen Wertordnung festzulegen, welche Erfordernisse sich aus dem Schutz der Verbraucher und der Sozialordnung ergeben** [...] Rn. 46: Allein der Umstand, **dass ein Mitgliedstaat ein anderes Schutzsystem als ein anderer Mitgliedstaat gewählt hat, kann keinen Einfluss auf die Beurteilung der Erforderlichkeit und der Verhältnismäßigkeit** der einschlägigen Bestimmungen haben. Diese sind allein im Hinblick auf die von den zuständigen Stellen des betroffenen Mitgliedstaats verfolgten Ziele und auf das von ihnen angestrebte Schutzniveau zu beurteilen In diesem Sinne auch EuGH, Urt. v. 8.9.2009, Rs. 42/07, Liga Portuguesa de Futebol Profissional, Slg. 2009, I-7633 Rn. 57: Wie von den meisten Mitgliedstaaten, diese dem Gerichtshof Erklärungen abgegeben haben, ausgeführt, **gehört die Regelung der Glücksspiele zu den Bereichen, in denen beträchtliche sittliche, religiöse und kulturelle Unterschiede zwischen den Mitgliedstaaten bestehen.** In **Ermangelung einer Harmonisierung** des betreffenden Gebiets durch die Gemeinschaft ist es **Sache der einzelnen Mitgliedstaaten, in diesen Bereichen im Einklang mit ihrer eigenen Wertordnung zu beurteilen,** welche Erfordernisse sich aus dem Schutz der betroffenen Interessen ergeben,[...] Rn. 58: **Allein der Umstand, dass ein Mitgliedstaat ein anderes Schutzsystem als ein anderer Mitgliedstaat gewählt hat, kann keinen Einfluss auf die Beurteilung der Notwendigkeit und der Verhältnismäßigkeit** der einschlägigen Bestimmungen haben. Diese sind allein im Hinblick auf die von den zuständigen Stellen des betroffenen Mitgliedstaats verfolgten Ziele und auf das **von ihnen angestrebte Schutzniveau** zu beurteilen.(mwN).

46   EuGH, Urt. v. 14.10.2004, Rs. C-36/02, Omega Spielhallen- und Automatenaufstellungs-GmbH/Oberbürgermeisterin der Bundesstadt Bonn, Slg. 2004, I-9606.

Der Gerichtshof stellte zunächst entsprechend seiner ständigen Rechtsprechung fest, dass der Begriff der öffentlichen Ordnung als Ausnahmeregelung eng auszulegen und nicht von jedem Mitgliedstaat einseitig ohne Nachprüfung durch die Gemeinschaftsorgane bestimmt werden dürfe. Erforderlich sei daher, dass eine tatsächliche und hinreichend schwere Gefährdung vorliege, die ein Grundinteresse der Gesellschaft berührt.[47] Er führte jedoch im Anschluss aus:

> *Allerdings **können die konkreten Umstände**, die möglicherweise die Berufung auf den Begriff der öffentlichen Ordnung rechtfertigen, **von Land zu Land und im zeitlichen Wechsel verschieden sein**. Insoweit ist den zuständigen innerstaatlichen Behörden daher ein **Beurteilungsspielraum** innerhalb der durch den EG-Vertrag gesetzten Grenzen zuzubilligen [...].*[48]

Folglich stellte der Gerichtshof im Rahmen der Verhältnismäßigkeitsprüfung fest, dass es

> *[i]nsoweit [...] **nicht unerlässlich** [ist], dass die von den Behörden eines Mitgliedstaats erlassene beschränkende Maßnahme **einer allen Mitgliedstaaten gemeinsamen Auffassung** darüber **entspricht**, wie das betreffende Grundrecht oder berechtigte Interesse zu schützen ist. [...]*
> *Vielmehr sind die **Notwendigkeit und die Verhältnismäßigkeit** der einschlägigen Bestimmungen, wie aus einer ständigen Rechtsprechung seit dem Urteil Schindler hervorgeht, **nicht schon deshalb ausgeschlossen, weil ein Mitgliedstaat andere Schutzregelungen als ein anderer Mitgliedstaat erlassen hat [...]*[49]

Aufgrund dieser Erwägungen hat der Gerichtshof entschieden, dass die deutsche Untersagungsverfügung im Ergebnis keinen Verstoß gegen die Dienstleistungsfreiheit begründete.

Auch in einem Vertragsverletzungsverfahren gegen Italien im Jahr 2009[50] hat der Gerichtshof den Mitgliedstaaten ausdrücklich einen gewissen Beurteilungsspielraum eingeräumt. Gegenstand dieses Verfahrens war ein italienisches Dekret, das das Ziehen von Anhängern durch Kleinkrafträder, Krafträder sowie drei- oder vierrädrige Kraftfahrzeuge („motorveicoli") verbot. Der Gerichtshof nahm hier eine Maßnahme gleicher Wirkung nach Art. 28 EG (heute Art. 34 AEUV) an für

---

47 EuGH, Urt. v. 14.10.2004, Rs. C-36/02, Omega Spielhallen- und Automatenaufstellungs-GmbH/Oberbürgermeisterin der Bundesstadt Bonn, Slg. 2004, I-9606 Rn. 30.
48 EuGH, Urt. v. 14.10.2004, Rs. C-36/02, Omega Spielhallen- und Automatenaufstellungs-GmbH/Oberbürgermeisterin der Bundesstadt Bonn, Slg. 2004, I-9606 Rn. 31.
49 EuGH, Urt. v. 14.10.2004, Rs. C-36/02, Omega Spielhallen- und Automatenaufstellungs-GmbH/Oberbürgermeisterin der Bundesstadt Bonn, Slg. 2004, I-9606 Rn. 37, 38 (mit Verweis u.a. auf EuGH, Urt. v. 21.9.1999, Rs. C-124/97, Läärä u.a., Slg. 1999, I-6067 Rn. 36 und Urt. v. 21.10.1999, Rs. C-67/98, Zenatti, Slg. 1999, I-7289 Rn. 34).
50 EuGH, Urt. v. 10.2.2009, Rs. C-110/05, Kommission/Italien, Slg. 2009, I-519.

solche Anhänger, die eigens für die genannten Fahrzeuge konzipiert wurden. Denn das italienische Verbot habe erheblichen Einfluss auf das Verhalten der Verbraucher, die praktisch kein Interesse am Kauf dieser für sie nicht verwendbaren Anhänger entwickeln würden. Dies wiederum wirke sich auf den Zugang zum italienischen Markt aus, so dass in diesem Fall auch keine Verkaufsmodalität im Sinne der *Keck und Mithouard*-Rechtsprechung angenommen werden konnte.[51]

Zur Rechtfertigung seiner Maßnahme führte Italien die Gewährleistung der Sicherheit des Straßenverkehrs an, die nach der Rechtsprechung des Gerichtshofs einen zwingenden Grund des Gemeinwohls darstelle. Der Gerichtshof akzeptierte dieses Vorbringen und führte weiter aus:

„Da auf Gemeinschaftsebene Vorschriften zur vollständigen Harmonisierung fehlen, ist es Sache der Mitgliedstaaten, mit Rücksicht auf die Erfordernisse des freien Warenverkehrs innerhalb der Europäischen Gemeinschaft zu entscheiden, auf welchem Niveau sie die Sicherheit des Straßenverkehrs in ihrem Hoheitsgebiet gewährleisten wollen".[52]

Folgerichtig räumte der EuGH Italien in der Frage der Erforderlichkeit der Verbotsregelung einen Beurteilungsspielraum ein:

*Was [...] die Beurteilung der Erforderlichkeit dieses Verbots angeht, so kann der Mitgliedstaat [..] im Bereich der Sicherheit des Straßenverkehrs entscheiden, auf welchem Niveau er diese Sicherheit gewährleisten will und wie dieses Niveau erreicht werden soll. Da dieses Niveau von einem Mitgliedstaat zum anderen abweichen kann, ist den Mitgliedstaaten ein **Beurteilungsspielraum** zuzuerkennen. Folglich bedeutet der Umstand, dass ein Mitgliedstaat weniger strenge Vorschriften erlässt als ein anderer Mitgliedstaat, nicht, dass dessen Vorschriften unverhältnismäßig sind."*[53]

Im Ergebnis hat der Gerichtshof die Klage der Kommission abgewiesen.

Eine ähnliche Begründungslinie hat der Gerichtshof auch in einer Reihe von Verfahren verfolgt, die die Ausgestaltung der mitgliedstaatlichen Gesundheitssysteme betreffen. So hat der Gerichtshof etwa im Vorabentscheidungsverfahren in der Rechtssache *Apothekerkammer des Saarlandes u.a./Saarland*, die europarechtliche Zulässigkeit des deutschen Fremdbesitzverbots für Apotheken bestätigt. Der Gerichtshof sah in dieser deutschen Regelung zwar eine – nicht diskriminierende – Beschränkung der Niederlassungsfreiheit, die jedoch durch zwingende Gründe

---

51 EuGH, Urt. v. 10.2.2009, Rs. C-110/05, Kommission/Italien, Slg. 2009, I-519 Rn. 57 f.
52 EuGH, Urt. v. 10.2.2009, Rs. C-110/05, Kommission/Italien, Slg. 2009, I-519 Rn. 61. Vgl. mit ähnlicher Formulierung, wenn auch im Ergebnis eine Rechtfertigung ablehnend, in Bezug auf die Kapitalverkehrsfreiheit EuGH, Urt. v. 23.10.2007, Rs. C-112/05, Kommission/Deutschland, Slg. 2007, I-8995 Rn. 73 m.w.N.
53 EuGH, Urt. v. 10.2.2009, Rs. C-110/05, Kommission/Italien, Slg. 2009, I-519 Rn. 65.

des Allgemeininteresses, hier der Gesundheit der Bevölkerung, zu rechtfertigen war. Im Rahmen der Prüfung der Verhältnismäßigkeit der streitigen Regelungen verwies der Gerichtshof wiederum auf einen Beurteilungsspielraum der Mitgliedstaaten. Er führte insoweit aus:

> *Bei der Prüfung, ob das genannte Gebot beachtet worden ist, ist zu berücksichtigen, dass unter den vom Vertrag geschützten Gütern und Interessen die Gesundheit und das Leben von Menschen den höchsten Rang einnehmen und dass es **Sache der Mitgliedstaaten ist, zu bestimmen, auf welchem Niveau sie den Schutz der Gesundheit der Bevölkerung gewährleisten wollen und wie dieses Niveau erreicht werden soll**. Da sich dieses Niveau von einem Mitgliedstaat zum anderen unterscheiden kann, ist den Mitgliedstaaten ein **Wertungsspielraum** zuzuerkennen.*[54]

Ebenso war der Gerichtshof bereits in einer früheren Entscheidung aus dem Jahr 2008 vorgegangen, deren Gegenstand Bestimmungen des Apothekengesetzes waren, die an die Erlaubnis zum Betrieb einer sog. Krankenhausapotheke – d.h. einer Apotheke, die Krankenhäuser mit Arzneimitteln versorgt – spezifische Anforderungen stellten. Deutschland hatte in diesem Verfahren u.a. mit Blick auf das Harmonisierungsverbot für den Gesundheitsbereich in Art. 152 Abs. 5 EG (heute Art. 168 Abs. 5 AEUV) und die bei den Mitgliedstaaten verbliebene Gesetzgebungskompetenz vorgebracht, dass die Warenverkehrsfreiheit hier als Prüfmaßstab ausscheide. Dem widersprach der Gerichtshof mit dem Hinweis auf seine ständige Rechtsprechung, wonach die Mitgliedstaaten auch im Rahmen der ihnen verbliebenen Kompetenzen an die Grundfreiheiten gebunden bleiben. Im Rahmen der Prüfung, ob die streitigen Regelungen des Apothekengesetzes den Anforderungen des Verhältnismäßigkeitsprinzips entsprachen, räumte der Gerichtshof den Mitgliedstaaten aber wiederum ausdrücklich einen Beurteilungsspielraum ein. Danach ist

> *„bei der Prüfung, ob der Verhältnismäßigkeitsgrundsatz im Bereich der Gesundheit der Bevölkerung beachtet worden ist, zu berücksichtigen, **dass der Mitgliedstaat bestimmen kann, auf welchem Niveau er den Schutz der Gesundheit der Bevölkerung gewährleisten will und wie dieses Niveau erreicht werden soll**. Da dieses Niveau sich von einem Mitgliedstaat zum anderen unterscheiden kann, ist den Mitgliedstaaten ein entsprechender **Beurteilungsspielraum** zuzuerkennen (vgl. in diesem Sinne Urteil vom 2. Dezember 2004, Kommission/Niederlande, C-41/02, Slg. 2004, I-11375, Randnrn. 46 und 51),*

---

54 EuGH, Urt. v. 19.5.2009, verb. Rsen C-171/07 und C-172/07, Apothekerkammer des Saarlandes/Saarland, Slg. 2009, I-4171 Rn. 19 m.w.N.

so dass der Umstand, dass ein Mitgliedstaat Vorschriften erlässt, die weniger streng sind als die in einem anderen Mitgliedstaat erlassenen, nicht bedeutet, dass Letztere unverhältnismäßig wären. "[55]

Diese Rechtsprechung des Gerichtshofs weist in die richtige Richtung. Sämtlichen Fällen lagen keine diskriminierenden nationalen Regelungen, sondern unterschiedslos anwendbare mitgliedstaatliche Maßnahmen zu Grunde. Auch wenn diese Entscheidungen bislang auf bestimmte Einzelfälle und -bereiche beschränkt bleiben, scheinen sie doch gemeinsam von dem Gedanken getragen zu sein, dass dort, wo keine Harmonisierung durch die Union vollzogen wurde bzw. keine Kompetenz zur Harmonisierung auf Unionsebene besteht, die Mitgliedstaaten – solange sie nicht diskriminierende Maßnahmen vornehmen – einen gewissen Spielraum in der Ausgestaltung ihrer nationalen Gesetzgebung besitzen. Dieser zutreffende Gedanke sollte im Sinne einer einheitlichen Grundfreiheitsdogmatik auf alle Fälle der Beschränkungen von Grundfreiheiten ausgeweitet werden. Für den in dem Beitrag gewählten Ausgangsfall hieße das, dass den Mitgliedstaaten auch bei der Gestaltung ihrer raumordnungsrechtlichen Regelungen ein echter Beurteilungsspielraum einzuräumen wäre. Danach hätte der Mitgliedstaat zwar darzulegen, dass die gewählten Einschränkungen der Ansiedlung des großflächigen Einzelhandels dem Schutze der Umwelt und einer geordneten Raumplanung zu dienen bestimmt sind. Die Bestimmung der Intensität des Schutzniveaus ebenso wie die damit einhergehenden Wertungen blieben aber dem Mitgliedstaat selbst vorbehalten. Diese Wertungsentscheidungen als Ausdruck nationaler Souveränität sollten– wenn sie in sich kohärent sind und nicht auf offensichtlich ungeeigneten oder widersprüchlichen Überlegungen basieren – von Kommission und Gerichtshof nicht beanstandet werden.

---

55   EuGH, Urt. v. 11.9.2008, Rs. C-141/07, Kommission/Deutschland, Slg. 2008, I-6935 Rn. 51.

Michael Potacs

Die Europäische Wirtschafts- und Währungsunion und das Solidaritätsprinzip

I. Einleitung

Das von *Jürgen Schwarze* konstatierte „schwierige Geschäft mit dem Recht Europas"[1] hat sich kaum je deutlicher gezeigt wie gegenwärtig in der Wirtschafts- und Währungsunion. Schon bisher stand weitgehend außer Streit, dass sich Märkte, einschließlich der Finanzmärkte, erst aufgrund staatlicher Gewährleistungen als dauerhafte Einrichtungen etablieren.[2] Als tragende Prinzipien staatlicher Regelung des Kapitalmarktes wurden etwa die Sicherstellung einer informierten Anlage- und Wiederveräußerungsentscheidung (Informationspflichten), die Markttransparenz, die Marktintegrität und das Gleichbehandlungsgebot angesehen.[3] In Anbetracht überbordender und schwer finanzierbarer Haushaltsdefizite in manchen Mitgliedstaaten tritt in jüngerer Zeit jedoch ein neues Prinzip der Kapitalmarktregulierung mehr und mehr in den Vordergrund, und zwar jenes der (finanziellen) Solidarität zwischen den Mitgliedstaaten der EU. Der Sache nach geht es letztlich darum, dass wirtschaftlich erfolgreiche Mitgliedstaaten nicht so erfolgreichen Staaten unter die Arme greifen sollen, damit diese ihre durch eine verfehlte Haushaltspolitik in Verbindung mit einer internationalen Finanzkrise verursachten Problem besser in den Griff bekommen können. Unter der Devise der „Solidarität" wurden bisher etwa bilaterale Kredite an Griechenland gewährt, der „Rettungsschirm" in Form des Europäischen Finanzstabilisierungsmechanismus (EFSM) und der Europäische Finanzstabilisierungsfazilität (EFSF) eingerichtet. Die Mitgliedstaaten der Union haben gerade einen neuen Art 136 Abs 3 AEUV als Grundlage für einen neuen (dauerhaften) Europäischen Stabilisierungsmechanismus (ESM) geschaffen, dessen Aufgabe darin besteht, im Zeichen der Solidarität finanzielle Hilfen an schwer verschuldete Staaten zu leisten. Damit freilich noch lange nicht genug werden weitere Maßnahmen wie etwa Eurobonds (Anleihen für die EU-Mitgliedstaaten ge-

---

1 *Jürgen Schwarze*, Europarecht (2012) 90.
2 *Christoph Ohler*, Finanzkrisen als Herausforderungen der internationalen, europäischen und nationalen Rechtsetzung, DVBl 2011, 1061 (1063).
3 ZB *Susanne Kalss/Martin Oppitz/Johannes Zollner*, Kapitalmarktrecht, Band I, System (2005) 52 f, Rz 31 f.

meinsam haften), ein Schuldentilgungsfonds (der die Schulden der Mitgliedstaaten aus einer gemeinsamen Kasse finanzieren soll) oder eine Bankenunion (bei der europäische Banken füreinander haften) diskutiert.

Zur rechtlichen Rechtfertigung all dieser Maßnahmen wird gerne auf ein „Solidaritätsprinzip" hingewiesen, das schon derzeit ein „tragendes Element"[4], ein „Leitprinzip"[5], ein „Querschnittsziel der Union" bzw ein „Strukturprinzip des Unionsrechts"[6] sei. Daraus wird abgeleitet oder zumindest suggeriert, dass die Unterstützung an die Krisenstaaten (in welcher Form auch immer), aus unionsrechtlicher Sicht, wenn schon nicht geboten, dann zumindest gerechtfertigt sei. Diese Rechtsauffassung wird im Folgenden zunächst einer Prüfung unterzogen. Im Anschluss daran wird aufgezeigt, welche europa- und – in weiterer Folge auch – staatsrechtlichen Konsequenzen eine Weiterentwicklung des Solidaritätsprinzips im Rahmen der Wirtschafts- und Währungsunion nach sich ziehen könnte.

II. Das Konzept der Wirtschaftsunion

Um die Problematik etwas zu verdeutlichen, ist zunächst einmal das Konzept der Wirtschaftsunion in den Verträgen der EU zu skizzieren. Während bei den an der Währungsunion teilnehmenden Mitgliedstaaten die „Währungssouveränität" auf das Europäische Zentralbankensystem (ESZBS) mit der EZB an der Spitze übergangen ist, bleiben die Mitgliedstaaten generell die Träger der Wirtschaftspolitik. Damit die wirtschaftliche Konvergenz zwischen den Mitgliedstaaten (insbesondere jenen der Eurozone) gewährleistet wird, sind diese in Bezug auf ihre Schuldenpolitik an die Konvergenzkriterien (maximal 3 % des BIP Neuverschuldung und 60% des BIP Schuldenstand[7]) gebunden. Im Falle einer Verfehlung dieser Konvergenzkriterien droht ihnen ein Defizitverfahren, das in Art 126 AEUV geregelt und durch Sekundärrechtsakte der Union näher ausgestaltet ist[8]. Um die haushaltsrechtlichen Stabilitätsverpflichtungen abzusichern, enthält der AEUV aber auch noch zusätzlich bestimmte Rahmenregelungen.[9] Dazu gehört das Verbot der monetären Haushaltsfinanzierung durch Notenbanken in Art 123 AEUV, das Verbot des bevor-

---

4 *Ulrich Häde*, Haushaltsdisziplin und Solidarität im Zeichen der Finanzkrise, EuZW 2009, 339.
5 *Christian Calliess*, Perspektiven des Euro zwischen Solidarität und Recht – Eine rechtliche Analyse der Griechenlandhilfe und des Rettungsschirms, ZEuS 2011, 213 (226).
6 *Kai Hentschelmann*, Finanzhilfen im Lichte der No Bailout-Klausel – Eigenverantwortung und Solidarität in der Währungsunion, EuR 2011, 282 (286).
7 Siehe Art 1 des Protokolls (Nr 12) zum AEUV über das Verfahren bei einem übermäßigen Defizit.
8 Dazu *Michael Potacs/Claudia Mayer*, Neue europarechtliche Entwicklungen, in: Georg E. Kodek/August Reinisch (Hrsg), Staateninsolvenz² (2012), 235 (246).
9 Eingehend *Michael Potacs/Claudia Mayer*, EU-rechtliche Rahmenbedingungen der Staateninsolvenz, in: Georg E. Kodek/August Reinisch (Hrsg), Staateninsolvenz² (2012), 105 (126 ff).

rechteten Zuganges des öffentlichen Sektors zu Finanzinstituten in Art 124 AEUV sowie das Verbot der Haftung und des Eintritts in die Verbindlichkeiten von Mitgliedstaaten durch die EU oder andere Mitgliedstaaten („Bail-out-Verbot") in Art 125 AEUV.

Alle diese Regelungen dienen dem Zweck, einen Druck auf die Mitgliedstaaten im Hinblick auf eine zurückhaltende Haushaltspolitik auszuüben. Die Mitgliedstaaten sollen den übrigen Teilnehmern des Kapitalmarktes gleichgestellt und der Bewertung ihrer Bonität auf den Kapitalmärkten ausgesetzt sein.[10] Sie sollen fürchten müssen, dass von ihnen im Falle einer zu hohen Verschuldung am Kapitalmarkt höhere Zinsen verlangt werden.[11] Auf diese Weise soll der Kapitalmarkt eine disziplinierende Wirkung ausüben, weil Mitgliedstaaten mit umso gravierenderen Nachteilen (in Form hoher Zinsen) rechnen müssen, je später sie ihren untragbaren Kurs korrigieren.[12] Mit dieser Marktabhängigkeit staatlicher Verschuldung soll ausgeschlossen werden, dass ein „haushaltsmäßiges perpetuum mobile" in Gang gesetzt wird.[13] Entscheidend ist das in diesen Regelungen zum Ausdruck kommende „Eigenverantwortungsprinzip"[14]. Dieses bedeutet nicht nur, dass die Mitgliedstaaten ihre Wirtschaftspolitik selbständig gestalten. Das Eigenverantwortungsprinzip besagt auch, dass die Mitgliedstaaten mit ihren allfälligen budgetären Problemen prinzipiell alleine fertig werden müssen und nicht auf fremde Hilfe vertrauen dürfen.

Im Hinblick auf diese Rahmenregelungen der Wirtschaftsunion waren die bisher im Rahmen der EU gewährten Unterstützungsmaßnahmen an hochverschuldete Mitgliedstaaten erheblichen Bedenken ausgesetzt. Insbesondere wurde die Gewährung bilateraler Kredite an Griechenland[15] sowie die Einrichtung des EFSF[16] (für dessen Anleihen Mitgliedstaaten haften) im Hinblick auf das Bail-out Verbot des Art 125 AEUV kritisiert. Freilich fehlt es auch nicht an Versuchen, diese Hilfeleistungen juristisch zu rechtfertigen. So wird etwa eine teleologische Reduktion des Bail-out Verbotes in Bezug auf die aktuelle Krise vertreten, weil die Zahlungsfähigkeit auch nur eines Mitgliedstaates die Stabilität des Euro gefährden könnte,

---

10 *Ulrich Häde*, Die europäische Währungsunion in der internationalen Finanzkrise – An den Grenzen europäischer Solidarität?, EuR 2010, 854 (856).
11 *Ulrich Häde*, Haushaltspolitik und Solidarität im Zeichen der Finanzkrise, EuZW 2009, 399 (402).
12 *Kai Hentschelmann*, Finanzhilfen im Lichte der No Bailout Klausel – Eigenverantwortung und Solidarität in der Währungsunion, EuR 2011, 282 (308).
13 *Christoph Ohler*, DVBl 2011, 1064.
14 *Kai Hentschelmann*, EuR 2011, 287.
15 ZB *Kai Hentschelmann*, EuR 2011, 292 f; *Michael Potacs/Claudia Mayer*, Rahmenbedingungen, 135 f.
16 *Hanno E. Kube/Ekkehart Reimer*, Grenzen des Europäischen Stabilisierungsmechanismus, NJW 2010, 1911 (1913); *Michael Potacs/Claudia Mayer*, Entwicklungen, 254; *Hannes Rathke*, Von der Stabilitäts- zur Stabilisierungsunion: Der neue Art. 136 Abs. 3 AEUV, DÖV 2011, 753 (754).

was gerade nicht das Ziel von Art 125 AEUV sei.[17] Bei dieser Ansicht ist bereits die Grundannahme fragwürdig, weil die Nichtgewährung von Beistand an überschuldete Staaten noch nicht unbedingt eine schwerwiegende Instabilität der gemeinsamen Währung nach sich ziehen muss.[18] (Stichwort: Die aktuelle Krise ist zwar eine „Schuldenkrise", aber keine „Eurokrise") Aber selbst wenn eine solche Gefahr tatsächlich bestehen sollte, so muss Art 125 AEUV doch vor dem Hintergrund des gesamten Regelungssystems der Wirtschaftsunion gesehen werden. Demnach dürfen sich die Mitgliedstaaten in Anbetracht der Fiskalkriterien und ihrer Sanktionierung durch Defizitverfahren von vorneherein nur begrenzt verschulden. Auf einem anderen Blatt steht freilich, dass diese Vorgaben von den Mitgliedstaaten kaum ernsthaft eingehalten wurden und nennenswerte Sanktionen ausblieben. In jedem Fall aber dienen Rahmenregelungen wie das Bail-out Verbot des Art 125 AEUV nur der Absicherung dieser Vorgaben, nach denen es von vorneherein gar nicht zu einem Szenario wie dem Gegenwärtigen hätte kommen dürfen.[19] Als solche flankierende Maßnahme würden aber Vorschriften wie Art 125 AEUV eine strikte Anwendung nahelegen, die keine Einschränkung erlaubt[20].

Allerdings wird zur Rechtfertigung der dargelegten Hilfsmaßnahmen auch das „allgemeine Solidaritätsprinzip"[21] ins Treffen geführt. Dieses rechtfertige in eingeschränktem Umfang Ausnahmen von den Geboten der Währungsunion, wobei die dabei geübte Solidarität keine „Einbahnstraße" sei und die Hilfen daher mit strengen Auflagen verbunden sein können.[22] Damit wird dem EU-Recht ein übergreifendes Solidaritätsprinzip unterstellt, das den Sinngehalt anderer unionsrechtlicher Bestimmungen auszuhebeln vermag. Es ist also zu untersuchen, ob im EU-Recht tatsächlich ein solches „Solidaritätsprinzip" auszumachen ist, das im Einzelfall das in den Rahmenregelungen der Wirtschaftsunion klar zum Ausdruck kommende „Eigenverantwortungsprinzip" der Mitgliedstaaten überwiegt.

---

17 *Ulrich Häde*, EuR 2010, 860. Vgl dazu auch *Christoph Herrmann*, Griechische Tragödie – der währungsverfassungsrechtliche Rahmen für die Rettung, den Austritt oder den Ausschluss von überschuldeten Staaten aus der Eurozone, EuZW 2010, 413 (415).
18 Siehe dazu die Diskussionsbeiträge von *Christoph Ohler* und *Karl Matthias Meessen* VVDStRL 71 (2012) 235 und 242 f.
19 Aus diesem Grund erscheint auch die von der deutschen Bundesregierung vertretene Auffassung verfehlt, wonach die drohende Insolvenz eines Mitgliedstaates in den Verträgen nicht geregelt sei (dazu *Christian Calliess*, ZEuS 2011, 263), weshalb diese „Lücke" allem Anschein nach in freier Rechtsfindung geschlossen werden könne.
20 *Christian Calliess*, ZEuS 2011, 268; *Kai Hentschelmann*, EuR 2011, 294.
21 *Christian Calliess*, ZEus 2011, 2790.
22 *Christian Calliess*, ZEuS 2011, 270. *Derselbe*, Finanzkrisen als Herausforderung der internationalen, europäischen und nationalen Rechtsetzung, VVDStRL 71 (2012) 113 (115).

III. Solidaritätsprinzip und Wirtschaftsunion

A. Allgemeine Solidaritätsverpflichtungen

Tatsächlich finden sich an mehreren Stellen des Primärrechts auch ausdrückliche Solidaritätsbekenntnisse. So findet sich in Art 2 unter den Werten, zu denen sich die Union bekennt, neben Demokratie, Gleichheit und Rechtsstaatlichkeit ausdrücklich auch die Solidarität. Als Maxime für das auswärtige Handeln der Union wird in Art 21 Abs 1 EUV ebenfalls „der Grundsatz der Solidarität" angeführt. Gemäß Art 32 EUV sind die Mitgliedstaaten im Rahmen GASP „untereinander solidarisch". Vor allem aber ist im vorliegenden Zusammenhang auf Art 3 Abs 3 EUV hinzuweisen, demzufolge die Union die „Solidarität zwischen den Mitgliedstaaten" fördert. Welchen Inhalt hat insbesondere diese zuletzt genannte Regelung, die sich seit dem Vertrag von Maastricht im primären Unionsrecht findet[23]? Insbesondere stellt sich die Frage, ob sie das in den Art 123 ff AEUV zum Ausdruck kommende Prinzip der Eigenverantwortlichkeit der Mitgliedstaaten zu relativieren vermag. Zur Beantwortung dieser Frage erscheint es angebracht, die konkreten Ausprägungen des Solidaritätsprinzips in für die Wirtschaftsunion relevanten Regelungsbereichen zu betrachten, um daraus Rückschlüsse auf dessen Stellenwert in der Wirtschaftsunion zu ziehen.

B. Art 122 Abs 2 AEUV

An erster Stelle ist dabei Art 122 Abs 2 AEUV zu nennen, demzufolge auf Beschluss des Rates die Union einen finanziellen Beistand gewähren kann. Voraussetzung dafür ist, dass ein Mitgliedstaat „aufgrund von Naturkatastrophen oder außergewöhnlichen Ereignissen, die sich seiner Kontrolle entziehen, von Schwierigkeiten betroffen oder von gravierenden Schwierigkeiten ernstlich bedroht ist". Auf diese Rechtsgrundlage wird die Verordnung über den EFSM gestützt, nach dem die Union finanziellen Beistand an insolvenzgefährdende Staaten gewährt. Umstritten ist allerdings, ob Art 122 Abs 2 AEUV dafür eine taugliche Rechtsgrundlage abgibt.[24] Denn es ist zumindest fraglich, ob eine durch hohe staatliche Verschuldung zumindest erheblich mit verursachte Krise als außergewöhnliches Ereignis im Sinne dieser Bestimmung angesehen kann. Unbestritten ist allerdings,

---

23 *Christian Calliess*, ZEus 2011, 227.
24 Siehe etwa teilweise bejahend *Christian Calliess*, Zeus 2011, 247; siehe auch jüngst EuGH 27.11.2012, Rs C-370/12 (*Pringle*), Rn 120; skeptisch *Walter Frenz/Christian Ehlenz*, EWS 2010, 68; *Michael Potacs/Claudia Mayer*, Rahmenbedingungen, 137 f; ablehnend *Hanno E. Kube/Ekkehart Reimer*, NJW 2010, 1914; *Kai Hentschelmann*, EuR 2011, 282.

dass Art 122 Abs 2 AEUV eine Ausnahmeregelung darstellt.[25] Als solche vermag sie wohl kaum ein grundlegendes Prinzip zum Ausdruck zu bringen, das mehr Gewicht als der in den Art 123 ff AEUV deutlich dokumentierte Grundsatz der Eigenverantwortlichkeit von Mitgliedstaaten besitzt. Ganz im Gegenteil ist aus dem Ausnahmecharakter von Art 122 Abs 2 AEUV zu schließen, dass die staatliche Eigenverantwortlichkeit das vorrangige Prinzip und die Unterstützung durch die Union nur in ganz seltenen Fällen zum Tragen kommen soll. Zu betonen ist, dass in solchen spezifischen Ausnahmefällen nach Art 122 Abs 2 AEUV auch nur die „Union" und nicht die Mitgliedstaaten Hilfe leisten dürfen, weshalb sich aus dieser Bestimmung nur schwer ein tragfähiger Anhaltspunkt eine allgemeine unionsrechtliche Solidaritätsverpflichtung der Mitgliedstaaten im Bereich der Wirtschaftsunion ableiten lässt.

C. Art 143 und 144 AEUV

Finanzielle Hilfe durch andere Mitgliedstaaten ist allerdings auf Grund von Art 143 und Art 144 AEUV möglich. Demnach kann Mitgliedstaaten bei Zahlungsbilanzschwierigkeiten vom Rat ein „gegenseitiger Beistand" gewährt werden, was in jüngerer Zeit zugunsten von Ungarn, Lettland und Rumänien geschehen ist[26]. Dieser gegenseitige Beistand kann gemäß Art 143 Abs 2 lit c) AEUV auch die „Bereitstellung von Krediten in begrenzter Höhe seitens anderer Mitgliedstaaten" beinhalten.[27] Ein allgemeines Solidaritätsprinzip zwischen den Mitgliedstaaten der Union kommt in dieser aber dennoch nicht zum Ausdruck. Denn zunächst ist die Bereitstellung von Krediten durch andere Mitgliedstaaten gemäß Art 143 Abs 2 lit c) AEUV ausdrücklich an das „Einverständnis" der den Kredit gewährenden Mitgliedstaaten gebunden, was wohl eher für eine Eigenverantwortung als für eine Solidaritätsverpflichtung der Mitgliedstaaten spricht. Auch ist der gegenseitige Beistand auf „Schwierigkeiten" hinsichtlich seiner Zahlungsbilanz (Art 143 AEUV) bzw eine „plötzliche Zahlungsbilanzkrise" (Art 144 AEUV) und damit wiederum auf besondere Ausnahmesituationen beschränkt. Vor allem aber beziehen sich Art 143 und 144 AEUV ausschließlich nur auf Mitgliedstaaten „für die eine Ausnahmeregelung gilt" und damit gerade nicht für die 17 Euro-Mitgliedstaaten, die an der Währungsunion teilnehmen. Ganz im Gegenteil kann aus dem Ausschluss der Anwendung dieser Bestimmungen auf die Euro-Mitgliedstaaten e

---

25 ZB *Ulrich Häde*, EuR 2010, 238; *Christian Calliess*, ZEuS 2011, 239.
26 *Ulrich Häde*, EuZW 2009, 401.
27 Zur Ausführung dieser Bestimmung erging die Verordnung (EG) Nr 332/2002 (ABl L 53/1).

contrario geschlossen werden, dass für diese das Prinzip der Eigenverantwortlichkeit besonderes Gewicht hat und das Prinzip der gegenseitigen Solidarität der Mitgliedstaaten deutlich überwiegt.

D. Strukturfonds und Solidaritätsklausel

In gewissem Umfang kommt das Solidaritätsprinzip der Europäischen Union in den Strukturfonds zum Ausdruck, die ihre primärrechtliche Grundlage in Art 174 ff AEUV haben. Sie dienen der Förderung des wirtschaftlichen, sozialen und territorialen Zusammenhalts.[28] Insbesondere haben sie das Ziel, die Unterschiede im Entwicklungsstand der verschiedensten Regionen und den Rückstand der am stärksten benachteiligten Gebiete zu verringern.[29] Sie sollen im Sinne einer Förderung der Konvergenz ökonomisch rückständige Regionen längerfristig an die EU heranführen.[30] Da die Strukturfonds aus dem Haushalt der EU finanziert werden, kann man sie wohl als „rudimentäre Form eines Finanzausgleichs"[31] und als Ausdruck „materieller Solidarität"[32] sehen. Wegen ihrer Zweckgebundenheit kann man aber auch aus ihnen kaum auf ein allgemeines Solidaritätsprinzip der Union schließen, das insbesondere auch eine Solidarität von Mitgliedstaaten gegenüber anderen Mitgliedstaaten mit hoher Staatsverschuldung verlangt. Aus dem gleichen Grund lässt sich auch aus der „Solidaritätsklausel" des Art 222 AEUV, der ein Handeln „im Geiste der Solidarität" bei Terroranschlägen, Naturkatastrophen und von Menschen verursachten Katastrophen[33] einfordert, keine solche allgemeine Solidaritätsverpflichtung ableiten.

E. Unionstreue

Schließlich wird als Beleg für ein „europäisches Solidaritätsprinzip" (in seiner „prozeduralen Dimension") auch noch die in Art 4 Abs 3 AEUV verankerte „Unionstreue" angeführt[34], die „in die Auslegung des Art 125 Abs 1 AEUV einspeist"[35]. „Nach dem Grundsatz der loyalen Zusammenarbeit achten und unterstützen sich die Union und die Mitgliedstaaten gegenseitig", so Art 4 Abs 3 EUV

---

28 Art 174 Satz 1 AEUV.
29 Art 174 Satz 2 AEUV.
30 *Christian Calliess*, ZEuS 2011, 237.
31 *Christian Calliess*, ZEuS 2011, 227.
32 *Christian Calliess*, ZEuS 2011, 233.
33 Diese Formulierung bietet keine Grundlage für Finanzhilfen im Rahmen der Eurokrise; *Christian Calliess*, ZEuS 2011, 237 f.
34 *Christian Calliess*, ZEuS 2011, 228.
35 *Christian Calliess*, VVDStRL 71, 155.

wörtlich „bei der Erfüllung der Aufgaben, die sich aus den Verträgen ergeben". Wegen der „Vertragsakzessorietät"[36] kann diese Bestimmung unionsrechtliche Verpflichtungen der Mitgliedstaaten nur bekräftigen, konkretisieren oder ergänzen. Hingegen ist weder aus der Formulierung noch aus dem Zweck von Art 4 Abs 3 EUV abzuleiten, dass diese Vorschrift unionsrechtliche Gebote einschränken soll. Aus diesem Grund lässt sich mit dieser Bestimmung auch nur schwer ein allgemeines unionsrechtliches Solidaritätsprinzip begründen, das die in den Art 123 ff AEUV klar gebotene staatliche Eigenverantwortlichkeit relativieren könnte.

F. Befund

Alles in allem lässt sich somit sagen: Nach dem Konzept des AEUV besitzen die Mitgliedstaaten eine grundsätzlich staatliche Eigenverantwortlichkeit in Bezug auf ihre finanzielle Situation. Diese Eigenverantwortlichkeit kommt insbesondere darin zum Ausdruck, dass den Mitgliedstaaten grundsätzlich keine finanziellen Zuwendungen seitens der Union, des ESZB und anderer Mitgliedstaten zukommen dürfen. Den EU-Verträgen lässt sich also mit den Worten des BVerfG im Rettungsschirm-Urteil eine Systementscheidung dahingehend entnehmen, „dass die Eigenständigkeit der nationalen Haushalte für die gegenwärtige Ausgestaltung der Währungsunion konstitutiv ist, und dass eine die Legitimationsgrundlagen des Staatenverbundes überdehnende Haftungsübernahme für finanzwirksame Willensentschließungen anderer Mitgliedstaaten – durch direkte oder indirekte Vergemeinschaftung von Staatsschulden – verhindert werden soll"[37]. Eingebunden ist diese Eigenverantwortlichkeit allerdings in strenge Fiskalkriterien, die in der Praxis jedoch weitgehend unbeachtet geblieben sind. Auch das Defizitverfahren als „prozeduraler Ausdruck" der Eigenverantwortlichkeit hat bei Verstößen bisher kaum Wirkung gezeigt. Von diesem Prinzip der Eigenverantwortlichkeit gibt es gewisse Ausnahmen, die aber gerade wegen ihres Ausnahmecharakters das Prinzip der Eigenverantwortlichkeit deutlich unterstreichen.

Damit stellt sich freilich die Frage, welche Bedeutung das allgemeine Bekenntnis zur Förderung der „Solidarität zwischen den Mitgliedstaaten" in Art 3 Abs 3 EUV haben könnte. Es kann in Anbetracht des dargelegten Gewichtes des Prinzips der staatlichen Eigenverantwortung nur in der strikten Durchsetzung der Haushaltsdisziplin durch die Mitgliedstaaten bestehen.[38] Das betrifft insbesondere die Mitgliedstaaten der Eurozone, die durch übermäßiges Verschulden die primär-

---

36 *Rudolf Streinz*, Art 4 EUV, in: Rudolf Streinz (Hrsg), EUV/AEUV² (2011), 31, Rz 25.
37 BVerfGE 7.9.2011, 2 BvR 987/10, Rz 129.
38 *Walter Frenz/Christian Ehlenz*, EWS 2010, 70; *Kai Hentschelmann*, EuR 2011, 287; *Nicolas Sonder,* Solidarität in der Währungsunion: Griechenland, Irland und kein Ende?, ZRP 2011, 33 (35).

rechtlich geforderte Stabilität der gemeinsamen Währung gefährden und damit gegen die allgemeine Solidaritätsverpflichtung in Art 3 Abs 3 EUV (und wohl auch gegen die Unionstreue in Art 4 Abs 3 EUV) verstoßen könnten. Einzuräumen ist freilich wieder einmal, dass dieser Form von Solidarität durch eine Reihe von Mitgliedstaaten kaum Beachtung geschenkt wurde, was die gegenwärtige Krise letztlich hervorgerufen hat.

IV. Europäischer Stabilitätsmechanismus – ESM

Außerdem wurde dieses Prinzip der Eigenverantwortung der Mitgliedstaaten durch die bisher gesetzten Maßnahmen im Rahmen der „Eurorettung" wie bilaterale Kreditgewährung, Ankaufprogramme von marktmäßig schwer handelbaren Anleihen durch die EZB sowie EFSM und EFSF bereits sehr in Frage gestellt. Aus diesem Grund sind diese Maßnahmen auch zu Recht auf erhebliche Bedenken gestoßen. Freilich waren EFSM und EFSF zeitlich bis 2013 befristet. Allerdings wollte man auf europäischer Ebene nicht auf finanzielle Hilfeleistungen für Euro-Mitgliedstaaten mit erheblichen budgetären Schwierigkeiten nicht verzichten. Aus diesen Gründen soll nunmehr im Primärrecht eine ausdrückliche Grundlage für einen „ständigen Krisenmechanismus zur Wahrung der Finanzstabilität des Euro-Währungsgebietes insgesamt"[39] geschaffen werden. Art 136 wurdedemnach ein Abs 3 mit folgendem Inhalt beigefügt: „Die Mitgliedstaaten, deren Währung der Euro ist, können einen Stabilitätsmechanismus einrichten, der aktiviert wird, wenn dies unabdingbar ist, um die Stabilität des Euro-Währungsgebiets insgesamt zu wahren. Die Gewährung aller erforderlichen Finanzhilfen im Rahmen des Mechanismus wird strengen Auflagen unterliegen". Auf Basis dieses Artikels wurde dann der ESM in Form einer zwischenstaatlichen Organisation nach Völkerrecht eingerichtet.[40] Er verfügt über ein Stammkapital von 700 Milliarden Euro, das sich aus eingezahltem Kapital und Bürgschaften der Mitgliedstaaten zusammensetzt. Seine Aufgabe besteht darin, Euro-Mitgliedstaaten, die sich in einer akuten Schuldenkrise befinden, mit Darlehen sowie Ankäufen von Staatsanleihen am Primär- oder Sekundärmarkt zu unterstützen.

Insgesamt wurde damit freilich eine erhebliche Modifikation des Prinzips der staatlichen Eigenverantwortung im Primärrecht verankert. Zutreffend wird zum neuen Art 136 Abs 3 AEUV festgestellt, dass er „materiell die WWU-Strukturen zugunsten der `Solidarität zwischen den Mitgliedstaaten´ ... verschiebt und eine

---

39 Beschluss 2011/199/EU vom 25.3.2011 zur Änderung des Artikels 136 des Vertrags über die Arbeitsweise der Europäischen Union hinsichtlich eines Stabilitätsmechanismus für die Mitgliedstaaten, deren Währung der Euro ist (ABl L 91/1).
40 *Hannes Rathke*, DÖV 2011, 753 (755).

permanente Durchbrechung der Art 122 ff. AEUV ermöglicht."[41] Das Prinzip der staatlichen Eigenverantwortlichkeit wird damit ein gutes Stück zurückgenommen. Es handelt sich dabei wohl um ein Paradebeispiel der sogenannten „normativen Kraft des Faktischen"[42], weil die staatliche Eigenverantwortlichkeit (mit Beachtung der Fiskalkriterien unter der ernsten Drohung eines Defizitverfahrens) nie wirklich gelebt wurde. Auf Grund der damit bewirkten Krise sah man sich gezwungen die flankierenden Maßnahmen der Art 122 ff AEUV zunächst zu umgehen[43] und diesen Zustand schließlich (in Form des Art 136 Abs 3 AEUV) normativ festzuschreiben.

Allerdings ist auch zu konstatieren, dass diese Gewichtsverlagerung zugunsten des Solidaritätsprinzips nicht allzu weitgehend erfolgt ist. Vielmehr lässt die Formulierung des neuen Art 136 Abs 3 AEUV erkennen, dass die Solidarität zurückhaltend ausgeübt werden soll und die Mitgliedstaaten auch bei Inanspruchnahme der Solidarität ihre prinzipielle Eigenverantwortung nicht verlieren. Darf doch eine Aktivierung des ESM zum einen nur erfolgen, wenn dies für die Stabilisierung des Euro-Währungsgebietes „unabdingbar" ist. Zum anderen soll die Gewährung von Finanzhilfe „strengen Auflagen" unterliegen, weshalb auch auf Grund von Art 136 Abs 3 AEUV die Solidarität keine „Einbahnstraße"[44] bedeuten wird. Mit Recht wird daher auf den Ausnahmecharakter dieser Bestimmung hingewiesen und betont, dass mit dem ESM noch keine „Transferunion" und schon gar keine Form eines „föderalen Finanzausgleichs"[45] etabliert wurde. Wohl in diesem Sinne ist auch im jüngst ergangenen Urteil des BVerfG zum ESM zu lesen, dass die Einführung von Art 136 Abs 3 AEUV zwar „eine grundlegende Umgestaltung der bisherigen Wirtschafts- und Währungsunion" bedeute. Löse sich doch die mit Art 136 Abs 3 AEUV grundlegende „Einrichtung eines dauerhaften Mechanismus zur gegenseitigen Hilfeleistung der Mitgliedstaaten des Euro-Währungsgebietes außerhalb des Rahmens der Europäischen Union…, wenn auch nicht vollständig, von dem die Währungsunion bislang charakterisierenden Prinzip der Eigenständigkeit der nationalen Haushalte". Denn Art 136 Abs 3 AEUV relativiere die „mit diesem Prinzip verbundene Marktabhängigkeit in Bezug auf die staatlichen Refinanzierungsmöglichkeiten". Dennoch werde mit der Aufnahme von Art 136 Abs 3 AEUV

41 *Hannes Rathke*, DÖV 2011, 756.
42 *Georg Jellinek,* Allgemeine Staatslehre[3] (1966), 338 ff.
43 Zusammenfassend *Michael Potacs,* Vom Wert des Rechtes in der Europäischen Union, JRP 2012, 23 (27 f).
44 *Christian Calliess*, Der Kampf um den Euro: Eine „Angelegenheit der Europäischen Union" zwischen Regierung, Parlament und Volk, NVwZ 2012, 6.
45 *Christian Calliess*, VVDStRL 71 (2012), 157.

in das Unionsrecht „die stabilitätsgerechte Ausrichtung der Währungsunion nicht aufgegeben, weil wesentliche Bestandteile „der Stabilitätsarchitektur... auch in Ansehung dieser Öffnungsklausel unangetastet" blieben.[46]

V. Europa- und staatsrechtliche Konsequenzen

Nach wie vor gilt daher der vorhin festgestellte Befund, dass in der Wirtschaftsunion als Grundprinzip die staatliche Eigenverantwortlichkeit gilt. Von diesem Grundsatz gibt es einige relativ eng begrenzte Ausnahmen, die durch Art 136 Abs 3 AEUV eine (nicht unerhebliche) Ausweitung erfahren. Eine grundlegende Systemänderung im Bereich des EU-Rechts wird durch den ESM allerdings noch nicht bewirkt. Die Situation könnte sich freilich ändern, wenn gänzlich neue Formen der „Solidarisierung" im Bereich der Währungsunion geschaffen werden wie etwa die von Frankreich und anderen Staaten präferierte Vergemeinschaftung der Schulden in Form von Eurobonds oder eines gemeinsamen Schuldentilgungsfonds. Gewiss wird es auch hier auf die konkrete Ausgestaltung ankommen, doch könnte damit die Wirtschaftsunion zumindest für die Euro-Mitgliedstaaten einen grundlegend neuen Charakter annehmen, indem für sie nicht mehr die Eigenverantwortung, sondern die Solidarität im Vordergrund steht. Ein solcher Systemwechsel – mag er ökonomisch sinnvoll sein oder auch nicht – würde das Gesicht der EU (oder zumindest der Euro-Zone) erheblich verändern, weil mit dem Wegfall der staatlichen Eigenverantwortlichkeit auch ein wesentliches Merkmal staatlicher Souveränität abhanden käme. Die Europäische Union (oder zumindest die Euro-Zone) wäre damit ihrem Erscheinungsbild nach möglicher Weise nicht mehr ein Verbund prinzipiell souveräner Staaten, sondern vielmehr eine miteinander schicksalhaft verwobene Haftungsgemeinschaft. Daraus könnten sich Probleme in Bezug auf das Verhältnis zwischen staatlichem Recht und Europarecht ergeben, das nach treffender Einschätzung von *Jürgen Schwarze* unter der Anforderung „praktischer Konkordanz" steht.[47]

Kann doch ein solcher Systemwechsel für einige Mitgliedstaaten durchaus auch verfassungsrechtliche Konsequenzen nach sich ziehen. So hat das BVerfG im Rettungsschirm-Urteil festgestellt, dass nach deutschem Verfassungsrecht „keine dauerhaften völkervertragsrechtlichen Mechanismen begründet werden" dürfen, „vor allem, wenn sie mit schwer kalkulierbaren Folgewirkungen verbunden sind" und sich dem Genehmigungsvorbehalt des Bundestages entziehen.[48] In Österreich wur-

---

46 BVerfGE 12.9.2012, 2 BvR 1390/12 ua. Rz 232 f. In diesem Sinne auch jüngst EuGH 27.11.2012, Rs C-370/12 (*Pringle*), Rn 69.
47 *Jürgen Schwarze*, Europarecht, 160 ff.
48 BVerfGE 7.9.2011, 2 BvR 987/10 ua, Rz 128.

de anlässlich des Beitrittes zur EU über das Beitritts BVG eine Volksabstimmung abgehalten, weil die EU-Mitgliedschaft eine Veränderung der Grundprinzipien der österreichischen Verfassung bewirkte. Die Grundprinzipien der Verfassung wurden damit allerdings in Bezug auf künftige Entwicklungen des EU-Rechts nicht völlig irrelevant. Mit den Worten in den Erläuterungen zur Regierungsvorlage des Beitritts BVG bilden „verfassungsrelevante Wesenselemente des Gemeinschaftsrechts … zum Zeitpunkt des österreichischen Unionsbeitritts den Maßstab einer verfassungsgerichtlichen Nachprüfung künftiger Entwicklungen des Unionsrechts". Im Klartext bedeutet dies, dass eine wesentliche Weiterentwicklung des Unionsrechts den Rahmen der Grundprinzipien der österreichischen Verfassung sprengen würde und abermals einer Volksabstimmung zu unterziehen wäre. Dabei ist zu bedenken, dass im Jahre 1994 die Volksabstimmung zu einer Union stattgefunden hat, die durch eine wirtschaftliche Eigenverantwortung der Mitgliedstaaten geprägt war und keine unbegrenzte Haftung für die Schulden anderer Mitgliedstaaten befürchten ließ (was ansonsten bei der Volksabstimmung gewiss ein Thema gewesen wäre).

Letztlich wird es also auch im Hinblick auf die staatsrechtlichen Konsequenzen entscheidend auf die konkrete Ausgestaltung eines künftigen Ausbaues des Solidaritätsprinzips ankommen. Sollte man sich allerdings zu einer vollständigen Systemänderung und im Wesentlichen zu einer Aufgabe der staatlichen Eigenverantwortlichkeit zugunsten einer weit gehenden Solidarität von EU-Mitgliedstaaten entschließen, dann wird sich in so manchem Mitgliedstaat die Verfassungsfrage ernsthaft stellen. Von ausschlaggebender Bedeutung wird es dabei sein, ob und inwieweit die übernommenen Haftungen den Beschlüssen staatlicher Parlamente unterliegen.[49] Gewiss wird man aus verfassungsrechtlicher Sicht auch quantitative Grenzen einer Haftungsübernahme ausmachen müssen[50], weil eine übermäßige Ausgabenbindung zugunsten anderer Staaten die innerstaatliche Aufgabenerfüllung beeinträchtigen und damit den Staat in seiner Substanz treffen könnte.

VI. Schlussbemerkung

Zusammenfassend lässt sich somit sagen: Die Wirtschafts- und Währungsunion ist durch die Einhaltung fiskalrechtlicher Vorgaben und der staatlichen Eigenverantwortlichkeit geprägt. Elemente der Solidarität finden sich im Unionsrecht nur ausnahmsweise und stellen die staatliche Eigenverantwortung als Prinzip nicht in Fra-

---

49 So in Bezug auf Deutschland *Franz C. Mayer/Christian Heidfeld*, Verfassungs- und europarechtliche Aspekte der Einführung von Eurobonds, NJW 2012, 422 (422).
50 *Franz C. Mayer/Christian Heidfeld*, Eurobonds, Schuldentilgungsfonds und Projektbonds – Eine dunkle Bedrohung?, ZRP 2012, 129 (130).

ge. Dieser Befund ändert sich auch nicht wesentlich durch den neuen Art 136 Abs 3 AEUV (als Grundlage für den ESM). Man mag in der staatlichen Eigenverantwortlichkeit vielleicht eine „institutionelle Fehlkonstruktion der WWU"[51] sehen, die allerdings das von allen Mitgliedstaaten übernommene System der Europäischen Union entscheidend prägt. Man kann daher zu Recht darauf verweisen, dass sich die Mitgliedstaaten zu dieser Werteordnung bekannt haben und allfällige Verfehlungen ihrer Wirtschafts- und Budgetpolitik „als verantwortbar entgegenhalten lassen"[52] müssen. In jedem Fall wäre eine weitgehende Aufgabe der staatlichen Eigenverantwortung zugunsten europäischer Solidarität eine Strukturänderung der EU, die eine staatsrechtliche Dimension von bisher nicht gekanntem Ausmaß annehmen würde. Damit wäre in manchen Mitgliedstaaten ein verfassungsrechtlicher Anpassungsbedarf verbunden, der sich gewiss nicht ohne weiteres durchziehen lässt. Der Weg zu einer echten Solidaritätsunion weist somit noch einige Hürden auf, die erst einmal genommen werden müssen, um der „praktischen Konkordanz" zwischen staatlichem Recht und Europarecht im Sinne von *Jürgen Schwarze* gerecht zu werden.

---

51 In diesem Sinne *Martin Nettesheim*, „Euro-Rettung" und Grundgesetz, EuR 2011, 765 (766).
52 So *Martin Seidel*, Europarechtsverstöße und Verfassungsbruch im Doppelpack, EuZW 2011, 241.

Ulrich Becker

Die europäische Unionsbürgerschaft

I. Einführung

Die Unionsbürgerschaft, bei ihrer Einführung noch von manchen als leere Hülle angesehen, scheint sich eher ganz umgekehrt als eine Wundertüte zu erweisen. Jedenfalls folgen aus der Unionsbürgerschaft noch immer neue, nicht selten unerwartete Ergebnisse. Diese Entwicklung wurde und wird auch insofern wesentlich durch die Rechtsprechung des EuGH angestoßen, und sie kann als ein Wechselspiel zwischen europäischer Gesetzgebung, verfassungsrechtlicher Überformung und judikativer Interpretationskompetenz betrachtet werden.[1] Hier soll es aber nicht um die institutionelle Austarierung unionaler Gewalten gehen, sondern um die inhaltlichen Entwicklungsschritte und deren mögliche Folgen für die Funktion der Europäischen Union insgesamt. Im Kern ist damit der rechtliche Schutz des Einzelnen gegenüber der Hoheitsgewalt, sind dessen Rechte und Pflichten angesprochen, wobei Spannungen aus der Konstruktion des Mehrebenensystems fast zwangsläufig folgen – nicht nur, weil die Mitgliedstaaten das zu befolgen haben, was sie eigenständig nicht mehr regeln können, sondern weil auch die Verwurzelung der Rechtsbeziehungen des Einzelnen zur jeweiligen politischen Gemeinschaft in Frage steht. Die Unionsbürgerschaft kann möglicherweise Ausdruck und zugleich Quelle einer unmittelbaren Verknüpfung zwischen Union und Bürger sein. Und, so wird weiter argumentiert, die Union könnte über diesen Ansatz hinausgehend ihren eigenen Charakter verändern, jedenfalls in ihrem Verhältnis zu den Unionsbürgern. Schon heute ermöglicht sie nicht mehr nur die Teilnahme an Märkten, sondern garantiert auch Rechte ohne besonderen funktionalen Zusammenhang. Wenn sie allerdings auch für einen unionsweit einheitlichen Menschenrechtsschutz zuständig wäre,[2] würde die Differenzierung zwischen grenzüberschreitenden und innerstaatlichen Vorgängen, die ohnehin in vielen Bereichen bereits eingeebnet ist, auch im Hinblick auf die Verleihung individueller Rechte ihre Bedeutung verlieren.

Für diese zum Teil schon eingeleitete, zum Teil noch visionäre Entwicklung spielen vor dem Hintergrund einiger neuer Entscheidungen des EuGH folgende

---

1 *Thym*, Towards 'Real' Citizenship? The Judicial Construction of Union Citizenship and its Limits, in: Adams/Meeusen/Straetmans/de Waele (eds.), Judging Europe's Judges. The Legitimacy of the Case Law of the European Court of Justice Examined, erscheint 2013.
2 In diese Richtung argumentierend *Kochenov/Plender*, EU Citizenship: From an Incipient Form to an Incipient Substance? The Discovery of the Treaty Text, E.L. Rev. 2012, S. 369 ff.

47

Fragen eine Rolle: Inwieweit geht das Unionsrecht von einer eigenständigen Begründung des rechtlichen Bands zum Bürger, wie der IGH die Staatsangehörigkeit treffend genannt hat,[3] aus? Ist der Status des Unionsbürgers untrennbar mit Rechten verbunden, und zwar unabhängig von grenzüberschreitenden oder in einem Zusammenhang zu dem Anwendungsbereich der Verträge stehenden Aktivitäten? Handelt es sich bei diesen Rechten insbesondere auch um Grundrechte, und wenn ja, um welche? Der EuGH hat diese Fragen aufgenommen und in Ansätzen beantwortet (dazu unten, III.), seine Antworten bedürfen aber einer kritischen Würdigung (unten, IV.).

Bevor darauf eingegangen wird, sollen zunächst ein kurzer Blick auf das bisher Erreichte geworfen, eine Zwischenbilanz gezogen und der heutige Stand der Entwicklung kurz rekapituliert werden (unten II.).

II. Zwischenbilanz: Unionsbürgerschaft als Grundlage von Rechten auf und im Aufenthalt

Ein wichtiger Hintergrund für die Einführung der Unionsbürgerschaft war die sekundärrechtliche Ausgestaltung der Aufenthaltsrechte.[4] Mit einem Richtlinienpaket erhielten die Angehörigen der Mitgliedstaaten umfassende Rechte auf Freizügigkeit innerhalb der damaligen Gemeinschaft.[5] Diese Richtlinien stehen in einem Zusammenhang zu früherer Gesetzgebung und Rechtsprechung, die in kleinen Schritten bereits den persönlichen Anwendungsbereich der Freizügigkeitsrechte ausgedehnt hatte. Dem Unionsgesetzgeber ging es nun aber darum, den Binnenmarkt zu einem Raum ohne Binnengrenzen werden zu lassen, in dem sich auch Personen möglichst frei bewegen können sollten.[6] Nur kurze Zeit später gab die Schaffung der Europäischen Union, so unklar ihre Rechtsform und Bedeutung damals waren, Anlaß, die Fragmentierung der Freizügigkeitsrechte für nicht Erwerbstätige durch eine neue vertragliche Grundlage zu beseitigen.[7] Die mit dem

---

3 Vgl. dazu die *Nottebohm*-Entscheidung des IGH, ICJ Rep. 1955, S. 4, 23.
4 Zu dem Zusammenhang zwischen Aufenthaltsrecht und Angehörigenstatus *Schönberger*, Unionsbürger, 2005, S. 301 ff. m.w.N.
5 RL 90/365 für die aus dem Erwerbsleben ausgeschiedenen Arbeitnehmer und selbständigen Erwerbstätigen (ABl. L 180/1990, S. 28); RL 93/96 für Studenten (ABl. L 317/1993, S. 59, als Neuerlaß der RL 90/366 v. 28.6.1990, ABl. L 180/1990, S. 30); RL 90/364 für übrige Personen (ABl. L 180/1990, S. 26).
6 Vgl. zur Entwicklung nur *Becker*, Freizügigkeit in der EU - auf dem Weg vom Begleitrecht zur Bürgerfreiheit, EuR 1999, S. 522 ff.
7 Vgl. in diesem Zusammenhang den Bericht der von der Kommission eingesetzten *Hochrangigen Arbeitsgruppe zu Fragen der Freizügigkeit* v. 18.3.1997, Zusammenfassung, Empfehlung Nr. 3 a.E., mit dem Ergebnis, das „Konzept der Unionsbürgerschaft sollte dazu beitragen, daß der fragmentarische sektorale Ansatz zur Gewährung des Aufenthaltsrechts durch konsolidierte Rechtsvorschriften ersetzt und alle Unionsbürger gleich behandelt werden."

Vertrag von Maastricht geschaffene Unionsbürgerschaft ging noch darüber hinaus: In die damaligen Art. 8 ff. EGV wurden auch ganz grundlegende, nach allgemeiner Auffassung mit einer Staatsangehörigkeit verbundene Rechte aufgenommen, nämlich das aktive und passive Wahlrecht sowie der diplomatische und konsularische Schutz – wobei allerdings die Besonderheit der Unionsbürgerschaft schon darin zum Ausdruck kam, daß sich das Wahlrecht nur auf Kommunalwahlen bezog.

Die schnelle verfassungsrechtliche Fundierung hat vor allem dem allgemeinen Freizügigkeitsrecht eine steile Karriere beschert – dieses „beflügelt", was für eine Reisetätigkeit ein durchaus passendes Bild ist.[8] Man muß heute daran erinnern, daß zu Beginn sehr umstritten war, ob der frühere Art. 8a Abs. 1 EGV, der nun wortgleich mit Art. 21 Abs. 1 AEUV ist, überhaupt unmittelbar anwendbar sein sollte. Der EuGH hat diese Diskussion schnell beendet, wenn auch zu Beginn noch in einer unklaren Gemengelage mit der Arbeitnehmerfreizügigkeit.[9] Dieses Recht auf Aufenthalt für alle Unionsbürger hat er zugleich über den wirkungsvollen Hebel des Diskriminierungsverbots um Rechte im Aufenthalt ergänzt. Dabei ist die Rechtsprechung, vor allem im Zusammenhang mit sozialen Rechten und mit dem Hochschulzugang,[10] auf zum Teil heftige Kritik gestoßen. Zu erinnern ist insbesondere an die Entscheidung in der Rs. *Bidar*, die Ausbildungsbeihilfen betraf.

Selbst sonst die europäische Integration befürwortende und deren Schwierigkeiten anerkennende Stimmen[11] äußerten sich ablehnend.[12] Tatsächlich waren die Verbindung zum Anwendungsbereich der Verträge und vor allem die in Art. 21 AEUV vorgesehene Bezugnahme auf das ausgestaltende Sekundärrecht dogmatisch unklar. Integrationspolitisch wurden Verwerfungen befürchtet, gerade weil mit der Freizügigkeit der Unionsbürgerschaft keine wirtschaftliche Tätigkeit mehr verbunden ist[13] und damit sozialen Rechten keine unmittelbare, migrationsbedingte Aussicht auf Produktivitätsgewinne im Aufnahmestaat gegenübersteht. Der EuGH hat in der Zwischenzeit seine Rechtsprechung in einem wichtigen Punkt, dem Ver-

---

8 Denkt man etwa an die klassischen Darstellungen des *Hermes*, Schutzgott des Verkehrs und der Reisenden.

9 Vgl. EuGH v. 12.05.1998, Rs. C-85/96 (Martínez Sala), Slg. 1998, S. I-2691. Eindeutig demgegenüber EuGH v. 20.9.2001, Rs. C-184/99 (Grzelczyk), Slg. 2001, S. I-6193, und die nachfolgende Rechtsprechung.

10 Dazu jetzt näher *Marzo*, La dimension sociale de la citoyenneté européenne, 2011, S. 297 ff.

11 Vgl. *Schwarze*, Das schwierige Geschäft mit Europa und seinem Recht, JZ 1998, S. 1077 ff.

12 Vgl. *Schwarze*, Der Schutz der Grundrechte durch den Europäischen Gerichtshof, in: Die Entwicklung einer Europäischen Grundrechtsarchitektur, 2005, S. 35 ff., 52 ff.

13 Vgl. dazu und zu den bürgerschaftlichen Hintergründen *F. Wollenschläger*, Grundfreiheit ohne Markt. Die Herausbildung der Unionsbürgerschaft im unionsrechtlichen Freizügigkeitsregime, Tübingen 2007, S. 86 ff. Ausdrücklich EuGH v. 7.9.2004, Rs. C-456/02 (Trojani), Slg. 2004, S. I-7573.

hältnis zwischen Primär- und Sekundärrecht, auf eine Linie gebracht und damit die Voraussetzungen für die Verleihung von Rechten klargestellt.[14] Das gilt vor allem für die Rs. *Förster*, in der die Voraussetzung eines fünfjährigen Aufenthalts für Studienbeihilfen ohne nähere Prüfung und ohne strenge Anbindung an den Verhältnismäßigkeitsgrundsatz für gemeinschaftsrechtskonform gehalten[15] und damit der Sache nach Art. 24 Abs. 2 RL 2004/38 akzeptiert worden ist – wenn die Entscheidung auch nicht ganz zu Unrecht[16] zum Teil eher als Abweichung von denn als Klarstellung der früheren Rechtsprechung angesehen wurde.[17]

Diese Rechtsprechung[18] ist – auch wenn sie gerade mit Blick auf Deutschland und die dortigen Grundsicherungsleistungen noch keineswegs zu einem Abschluß gekommen ist[19] – insgesamt betrachtet in Bezug auf die Verleihung des Freizügigkeitsrechts wie von Rechten im Aufenthalt, vor allem auch von sozialen Rechten, richtig.[20] Sie steht nicht nur im Einklang mit der allgemeinen Grundfreiheitsdogmatik. Sie läßt auch erstens eine funktionale Differenzierung zu, sofern ein sachlicher Zusammenhang zwischen Aufenthaltszweck und Rechten im Aufenthalt besteht. Zweitens liegt ihr ein im nationalen Ausländerrecht und den Aufenthalts-

---

14　Was allerdings auch für die Voraussetzungen des Aufenthaltsrechts selbst gelten sollte; zu den fortbestehenden „sekundärrechtlichen Vorbehalten", die bereits beim Inkrafttreten des damaligen Art. 8a EGV bestanden, *Scheuing*, Freizügigkeit als Unionsbürgerrecht, EuR 2003, S. 744, 768 ff., der allerdings schon wegen der nicht trennscharfen Unterscheidung von allgemeiner Freizügigkeit und wirtschaftlich begründeter Freizügigkeit für die Reduzierung dieser Vorbehalte auf einen „Mißbrauchsvorbehalt" plädiert (S. 772).

15　EuGH v. 18.11.2008, Rs. C-158/07 (Förster), Slg. 2008, S. I-8507. Vgl. demgegenüber stärker differenzierend schon *Scheuing* (Fußn. 14), S. 775 ff.

16　Im Hinblick auf die Unterstellung des Sekundärrechts unter den Verhältnismäßigkeitsgrundsatz in EuGH v. 17.9.2002, Rs. C-413/99 (Baumbast), Slg. 2002, S. I-7091, und v. 7.9.2004, Rs. C-456/02 (Trojani), Slg. 2004, S. I-7573.

17　Krit. zu den dogmatischen und integrationspolitischen Hintergründen der neuen Rechtsprechung *Dougan*, Social Security and the Internal Market – the Contribution of Union Citizenship and the Relevance of the Lisbon Treaty, in: Becker/Schwarze (Hrsg.), Gemeinwohlverantwortung im Binnenmarkt, 2010, S. 97, 124 ff. Für eine Ausweitung der durch Sekundärrecht eingeräumten Rechte über die Unionsbürgerschaft *de Waele*, EU Citizenship: Revisiting its Meaning, Place and Potential, European Journal of Migration and Law 12 (2010), S. 319, 330.

18　Zuletzt EuGH v. 4.10.2012, Rs. C-75/11 (Kommission/Österreich), n.v. (Fahrpreisermäßigung für Studierende).

19　Nämlich im Hinblick auf Art. 7 SGB II; dazu ohne endgültige Klärung EuGH v. 4.6.2009, Rs. C-22/08 und C-23/08 (Vatsouras und Koupatantze), Slg. 2009, S. I-4585, Rdnr. 38 f.; zur Diskussion *Heinig*, Art. 18 i.V.m. Art. 12 EG als Schlüssel zur Teilhabe von arbeitsuchenden Unionsbürgern aus anderen Mitgliedstaaten an steuerfinanzierten Sozialleistungen in Deutschland, ZESAR 2008, S. 465 ff.; *Eichenhofer*, Soziale Sicherung nichterwerbstätiger EU-Bürger, ZESAR 2012, S. 357 ff.; und zur koordinierungsrechtlichen Einordnung *Fuchs*, Deutsche Grundsicherung und europäisches Koordinationsrecht, NZS 2007, S. 1, 4 f.

20　Dazu bereits *Becker*, Staatsangehörigkeit und Aufenthalt als Anknüpfungspunkte für die Gewährung sozialer Rechte in der Europäischen Union – Thesen zur abgestuften territorialen Verantwortung der Mitgliedstaaten für den sozialen Schutz von Unionsbürgern, in FS Scheuing, Baden-Baden 2011, S. 480 ff.

richtlinien ebenfalls zum Ausdruck kommendes[21] Integrationskonzept zugrunde, das von einer stufenweisen Verfestigung der Aufenthaltsrechte ausgeht und auch den sozialen Schutz entsprechend differenziert.[22]

Insofern ist das Freizügigkeitsrecht der Unionsbürger eine konsequente Fortführung des gerade auch auf die Berechtigung des Einzelnen abzielenden Integrationsprozesses. Als umfassende Konzeption neu, aber von den Mitgliedstaaten gewollt und zuvor schrittweise eingeleitet, ist dessen Lösung von einer wirtschaftlichen Tätigkeit.[23] Und die umfassende, wenn auch schrittweise erfolgende Gleichstellung ausländischer Unionsbürger mit Inländern trägt menschenrechtliche Züge. Daß jedem Unionsbürger nicht in seiner Rolle als Produktionsfaktor, sondern als Mensch umfassende Rechte verbürgt werden, ist, zugespitzt formuliert, der Kern der Entwicklung. Dazu paßt die neue Anordnung der Unionsziele durch den Vertrag von Lissabon: In Art. 3 EUV wird nun nach den allgemein zugrundegelegten Werten das Ziel, den „Bürgerinnen und Bürgern einen Raum der Freiheit, der Sicherheit und des Rechts ohne Binnengrenzen" zu schaffen, an erster Stelle genannt. Ebenfalls läßt sich ein Zusammenhang mit der Erhebung der Grundrechtecharta zu einer verbindlichen Grundlage der Unionsverfassung sehen. Allerdings beginnen hier die neuen und weitergehenden Fragen. Sie betreffen die Eigenständigkeit der Unionsbürgerschaft, und zwar in zwei Punkten, zum einen deren rechtliche Verankerung und zum anderen deren rechtliche Inhalte.

III. Aktuelle Fragen: Zur Eigenständigkeit der Unionsbürgerschaft

1. Rechtliche Grundlage

Der erste Punkt spielte eine Rolle in der Rs. *Rottmann*.[24] Dabei ging es um folgenden Sachverhalt: Ein österreichischer Staatsangehöriger war in Deutschland eingebürgert worden und hatte nach den Vorschriften des österreichischen Rechts damit zugleich seine bisherige Staatsangehörigkeit verloren. Später stellte sich heraus, daß im deutschen Einbürgerungsverfahren ein in Österreich anhängiges Ermittlungsverfahren verschwiegen worden war. Die zuständige deutsche Behörde nahm deshalb die Einbürgerung zurück. Damit sind zunächst verfassungsrechtliche Fragen deshalb verbunden, weil in Deutschland die Entziehung der Staatsangehörigkeit verboten ist (Art. 116 Abs. 1 S. 1 GG) und auch der Verlust der Staatsan-

---

21 Zum Zusammenspiel der Regelungsebenen mit zurückhaltender Auslegung der gemeinschaftsrechtlichen Anstöße *Thym*, Migrationsverwaltungsrecht, Tübingen 2010, S. 99 ff.
22 Zu den Stufungen und deren Verbindungen *Becker*, Migration und soziale Sicherheit – die Unionsbürgerschaft im Kontext, Beih. 1/2007 zur EuR, S. 95 ff.
23 Vgl. dazu auch *Wollenschläger* (Fußn. 13), S. 358 ff.
24 EuGH v. 2.3.2010, Rs. C-135/08 (Rottmann), Slg. 2010, S. I-1449.

gehörigkeit gegen den Willen eines Betroffenen nur dann eintreten darf, wenn dieser dadurch nicht staatenlos wird (Art. 116 Abs. 1 S. 2 GG). Es entspricht aber ständiger, zwar umstrittener, aber richtiger Rechtsprechung der deutschen Verwaltungsgerichte, daß die Verfassung der Rücknahme einer Einbürgerung in den Fällen nicht entgegensteht, in denen diese Einbürgerung auf unrichtigen Angaben beruhte und ein Vertrauensschutz ausscheidet.[25] Denn dabei handelt es sich weder um eine Entziehung, noch besteht überhaupt eine schützenswerte Rechtsposition des Eingebürgerten.[26]

Allerdings ist damit noch nichts über die unionsrechtliche Zulässigkeit der Rücknahme gesagt. Das BVerwG hatte daran Zweifel, weil die Unionsbürgerschaft mit eigenen Rechten verbunden und insofern das Unionsrecht berührt sei. Es hat deshalb den EuGH angerufen.[27] Im Hintergrund standen die Entscheidungen in den Rs. *Micheletti* und *Kaur*, nach denen die Mitgliedstaaten bei der Festlegung der Voraussetzungen für Erwerb und Verlust der Staatsangehörigkeit das Gemeinschaftsrecht beachten und auch auf die gemeinschaftlichen Interessen Rücksicht nehmen müssen.[28] Ob damit aber angesichts dessen, daß die Unionsbürgerschaft ausdrücklich an die Staatsangehörigkeit eines Mitgliedstaates anknüpft, diese also voraussetzt (Art. 20 Abs. 1 S. 2 AEUV), auch ein Schutz vor Verlust verbunden sein kann, war allerdings noch nicht entschieden worden.

Der EuGH hat zunächst völlig zu Recht betont, die Unionsbürgerschaft stelle einen „grundlegenden Status der Angehörigen der Mitgliedstaaten" dar, der diesen Angehörigen verschiedene und eigenständige Rechte vermittelt.[29] Auch war klar, daß der Status des Unionsbürgers in jedem Fall für den Betroffenen bestanden hatte. Daraus schloß der Gerichtshof dann, daß der Entzug der unionsrechtlich gewährten Bürgerrechte der – wie er es ausdrückt – „gerichtlichen Kontrolle im Hinblick auf das Unionsrecht unterliegt",[30] also seine Kontrollzuständigkeit gegeben ist. Dabei sind zwei Aspekte auffällig: Erstens hat der Gerichtshof zwar den Einwand der betroffenen Regierungen, es liege kein grenzüberschreitendes Element vor,[31] wiederholt; er ist auf diesen aber mit keinem Wort eingegangen, obwohl er sich im vorliegenden Sachverhalt ohne weiteres hätte widerlegen lassen. Zweitens hat der EuGH darauf hingewiesen, die Zuständigkeit der Mitgliedstaaten verhindere nach

---

25 BVerwGE 119, 17; BVerfGE 116, 24, 45.
26 Zu dieser Begründung *Becker*, in: v. Mangoldt/Klein/Starck, GG, Bd. 1, München 6. Aufl. 2010, Art. 16 Rdnr. 41.
27 Dazu und vor der EuGH-Entscheidung gegen eine Unionsrechtswidrigkeit der Rücknahme *Becker*, a.a.O., Fußn. 210.
28 EuGH v. 7.7.1992, Rs. C-369/90 (Micheletti), Slg. 1992, S. I-4239, Rdnr. 10; v. 20.2.2001, Rs. C-192/99 (Kaur), Slg. 2001, S. 1237; vgl. auch *Kotalakidis*, Von der nationalen Staatsangehörigkeit zur Unionsbürgerschaft, Baden-Baden 2000, S. 296 ff.
29 EuGH v. 2.3.2010, Rs. C-135/08 (Rottmann), Slg. 2010, S. I-1449, Rdnr. 43 f.
30 A.a.O., Rdnr. 48.
31 A.a.O., Rdnr. 38.

allgemeiner Doktrin nicht, daß eine Rechtsfrage in den Anwendungsbereich des Unionsrechts fällt.[32] Allerdings geht das insofern an dem entscheidungsrelevanten Problem vorbei, als hier – anders als etwa in der angeblichen Parallele zur Bedeutung der Grundfreiheiten in steuerrechtlichen Zusammenhängen – schon die Verleihung des Bürgerstatus selbst an das nationale Recht gekoppelt ist. Daran hat sich durch die leicht geänderte sprachliche Fassung im Lissabonner Vertrag, in dem von einem „Hinzutreten" der Unionsbürgerschaft[33] die Rede ist, schon deshalb nichts geändert,[34] weil die Konstruktion der abgeleiteten Rechtsposition unberührt geblieben ist. Die Zuständigkeit des EuGH für die Überprüfung des Verlusts einer Staatsangehörigkeit betont aber nun die eigenständige Bedeutung der Unionsbürgerschaft. Zwar bleiben die Mitgliedstaaten für die Regelung dieses Verlusts zuständig. Da jedoch bereits mit der Verleihung einer Staatsangehörigkeit in der Unionsrechtsordnung eigene, supranationale Rechte entstehen und diese Rechte von der Staatsangehörigkeit abhängig sind, gewährt das Unionsrecht nach der Rechtsprechung auch einen eigenen Schutz vor Verlust: Dieser muß einem „im Allgemeininteresse liegenden Grund entsprechen" und auch dem Grundsatz der Verhältnismäßigkeit Rechnung tragen.[35]

Im Ergebnis ist gegen die Entscheidung wenig einzuwenden. Die anerkannten Verlustgründe entsprechen dem Völkerrecht, und dieses ist nach richtiger Ansicht auch heranzuziehen bei der Auslegung des Art. 16 Abs. 1 GG,[36] der in Deutschland zur Beurteilung der Rechtmäßigkeit maßgeblich ist. Hinsichtlich der Verhältnismäßigkeit sind die Vorgaben sehr grob; im wesentlichen wird gefordert, abzuwarten, daß ein Betroffener den Versuch unternimmt, seine frühere Staatsangehörigkeit wiederzuerlangen. Überhaupt wäre der Fall staatsangehörigkeitsrechtlich dadurch zu lösen, daß mit der Rücknahme der Entlassung aus der früheren Staatsangehörigkeit ebenfalls die Rechtsgrundlage entzogen würde – dann müßte allerdings nicht nur die Rückwirkung der Rücknahmeentscheidung, sondern vor allem überhaupt der ausländische Verwaltungsakt anerkannt, also ein Problem des transnationalen Verwaltungsrechts gelöst werden. Der EuGH hat sich dazu nicht erklärt, weil die österreichischen Behörden noch keine eigene Entscheidung getroffen hatten.[37]

So einleuchtend das Ergebnis ist und so nachvollziehbar die unionsrechtliche Konstruktion für die Begründung des rechtlichen Schutzes sein mag: Mit ihm er-

---

32 A.a.O., Rdnr. 41.
33 So jetzt sowohl Art. 20 Abs. 1 S. 3 AEUV als auch Art. 9 S. 3 EUV.
34 A.A. *Nettesheim*, Der „Kernbereich" der Unionsbürgerschaft – vom Schutz der Mobilität zur Gewährleistung eines Lebensumfelds, JZ 2011, S. 1030, 1036 f.; dagegen *Haack*, Staatsangehörigkeit – Unionsbürgerschaft – Völkerrechtssubjektivität, in: HStR Bd. X, Heidelberg 3. Aufl. 2012, § 205 Rdnr. 24.
35 A.a.O., Rdnr. 51 und 55.
36 *Becker* (Fußn. 26), Rdnr. 11 ff.
37 EuGH v. 2.3.2010, Rs. C-135/08 (Rottmann), Slg. 2010, S. I-1449, Rdnr. 63.

halten nicht nur die völkerrechtlichen Grundsätze über den Verlust der Angehörigkeit zu einer politischen Gemeinschaft eine neue Legitimationsgrundlage. Vielmehr gewinnt auch die Unionsbürgerschaft selbst eine eigene Rechtsgrundlage, es wird also ein eigenes rechtliches Band zwischen Unionsbürgern und der Union geknüpft, dessen Lösung nicht mehr in der alleinigen Zuständigkeit der Mitgliedstaaten liegt.[38] Über die Verlustgründe muß insofern die Unionsrechtsordnung eine Aussage treffen. Nur die Vollziehung dieser Gründe obliegt noch den nationalen Behörden. Das ist nun das wahre „Wunder der Unionsbürgerschaft", wie der Generalanwalt in seinem Schlußantrag schon den Umstand bezeichnet hat, daß die Angehörigkeit eines Bürgers zu einem Mitgliedstaat durch Unionsrecht Rechte vermitteln kann, die über den Staat selbst hinausreichen.[39] Denn nun genießt der supranationale Status seinerseits einen eigenen, wenn auch mit den völkerrechtlichen und staatrechtlichen Grundsätzen übereinstimmenden Schutz.[40]

2. Rechtlicher Inhalt

a) Die somit unionsrechtlich verankerte Unionsbürgerschaft vermittelt die bereits genannten und typischerweise mit einer Staatsangehörigkeit verbundenen Rechte – Kommunalwahlrecht, diplomatischen Schutz und Petitionsrecht. In seiner aufsehenerregenden Entscheidung vom März 2011 in der Rs. *Ruiz Zambrano* ist der EuGH[41] einen wesentlichen Schritt weiter gegangen. Der Fall betraf einen kolumbianischen Staatsangehörigen, der in Belgien zunächst zusammen mit seiner Ehefrau Asyl beantragt hatte und dessen in Belgien geborene Kinder durch die Geburt die belgische Staatsangehörigkeit erworben hatten. Nach einem Aufenthalt der Familie von über sechs Jahren mit Zeiten der Erwerbstätigkeit und dem späteren Eintritt der Arbeitslosigkeit wurden ihm sowohl eine Niederlassungserlaubnis als auch die Gewährung von Arbeitslosengeld von den belgischen Behörden versagt. Beides war deshalb miteinander verbunden, weil die Gewährung des Arbeitslosengelds an aufenthalts- und arbeitserlaubnisrechtliche Voraussetzungen anknüpft. Das vorle-

---

38 Zu dieser Bedeutung der Entscheidung auch *Shaw*, Citizenship: Contrasting Dynamics at the Interface of Integration and Constitutionalism, University of Edinburgh, School of Law Working Paper Series No 2010/14, S. 15 ff.

39 SA des GA *Poiares Maduro* v. 30.9.2009 in der Rs. C-135/08, Rdnr. 23.

40 Dennoch krit. zu der Entscheidung wegen des angeblich unzureichenden Schutzes gegen Staatenlosigkeit *Konstadinides*, La Fraternité Européenne? The Extent of National Competence to Condition the Acquisition and Loss of Nationality Form the Perspective of EU Citizenship, E.L.Rev. 35 (2010), S. 401, 413 f.

41 EuGH v. 8.3.2011, Rs. C-34/09, n.v.; die Entscheidung im Ansatz, wenn auch nicht in allen Teilen der Begründung verteidigend und mit einem Vergleich zur Rechtsprechung des US Supreme Court *Mann/Purnhagen*, The Nature of Union Citizenship between Autonomy and Dependency on (Member) State Citizenship, Amsterdam Centre of European Law and Governance Working Paper Series 2011-09.

gende Gericht wollte nun wissen, ob aus Unionsrecht ein Recht zum Aufenthalt und auch zur Befreiung von dem Erfordernis einer Arbeitserlaubnis für Drittstaatsangehörige folgt, die ihren Kindern mit Unionsbürgerschaft Unterhalt gewähren.

Die Beantwortung dieser Frage führt zunächst zu dem in der Rs. *Rottmann* übergangenen Aspekt der grenzüberschreitenden Betätigung: Denn auf die EU bezogen liegt kein grenzüberschreitender Sachverhalt vor, weshalb auch das ausländerrechtliche Sekundärrecht nicht anwendbar war.[42] In erstaunlicher Kürze hat der EuGH sich damit einmal mehr nicht näher auseinandergesetzt, sondern statt dessen darauf hingewiesen, daß die Kinder des Betroffenen Unionsbürger waren. Nicht zuletzt deshalb ist diese Rechtsprechung auch so interpretiert worden, daß die aus der Unionsbürgerschaft folgenden Rechte einen zwischenstaatlichen Bezug nicht mehr voraussetzen, sondern allein aus dem Status selbst folgen. Damit allein ist allerdings noch nicht viel gewonnen. Denn um die genannten und im Vertrag vorgesehenen Statusrechte von Unionsbürgern ging es in dem zu entscheidenden Sachverhalt offensichtlich nicht. Der EuGH unternahm denn auch einen weiteren und entscheidenden Schritt. Er meinte, aus der Unionsbürgerschaft selbst, also aus Art. 20 AEUV, folge, „dass den Unionsbürgern der tatsächliche Genuß des Kernbestands der Rechte, die ihnen der Unionsbürgerstatus verleiht", nicht verwehrt werden darf.[43] Dafür soll genügen, daß nationale Maßnahmen die Rechtsverwehrung „bewirken". Und das sei für die betroffenen Kinder der Fall, wenn an deren Wohnsitz ihren drittstaatsangehörigen Eltern Aufenthalt und Arbeitserlaubnis verweigert werden. Den Kindern würde damit faktisch ihr eigenes Aufenthaltsrecht entzogen.[44]

Die Entscheidung überrascht wohl weniger wegen des konkret gefundenen Ergebnisses. Tatsächlich geht sie zwar an keiner Stelle auf das Aufenthaltsbestimmungsrecht der Eltern ein. Man wird ihr aber nicht vorwerfen können, daß sie die Rechte der Kinder als eigenständige Rechte ernst nimmt und nicht hinter denen der Eltern zurückstehen läßt. Auch dürfte die Rolle der Familie als Unterhaltsverband den Rechtsordnungen der Mitgliedstaaten entsprechen. Die Familie ist zwar in der heutigen Gesellschaft nicht mehr von „umfassender Wirksamkeit", wie *Hegel* noch meinte.[45] Auf den durch die Familie gewährten Schutz kann sich der Wohlfahrtsstaat nicht in jeder Hinsicht und ohne eine gewisse Kontrolle verlassen. Wo sie aber nach wie vor für den notwendigen Schutz sorgen kann, ist staatliche Unterstützung subsidiär. Und schließlich führt die Beendigung des Aufenthalts der Eltern praktisch zwangsläufig zur Beendigung des Aufenthalts der Kinder.

---

42 A.a.O., Rdnr. 39.
43 A.a.O., Rdnr. 42.
44 A.a.O., Rdnr. 43 f.
45 *Hegel*, Grundlinien der Philosophie des Rechts, Berlin 1821, § 238.

Jedoch ist der EuGH weder darauf eingegangen, welche Folgen seine Rechtsprechung für eine an das Territorium statt die Abstammung knüpfende Staatsangehörigkeit hat, noch darauf, welche Rolle Sozialleistungen für die Unterhaltsdeckung spielen können und dürfen.

Vor allem aber erscheint die Herleitung des Ergebnisses problematisch.[46] Der Gerichtshof unterläßt nicht nur jede Erklärung dafür, warum die Unionsbürgerschaft mit dem tatsächlichen Genuß des Kernbestands der Rechte verbunden sein soll, sondern sagt auch nichts dazu, was unter diesen Rechten zu verstehen ist. Das ist bereits angesichts der langen Debatten um die Bedeutung der Staatsangehörigkeit im allgemeinen durchaus erstaunlich. Zumindest zu Beginn des 20. Jahrhunderts war in der deutschen Staatsrechtswissenschaft sehr umstritten, ob es sich bei der Staatsangehörigkeit um ein Rechtsverhältnis, d.h. eine zwischen dem Staat und seinem Angehörigen bestehende Beziehung mit gegenseitigen Rechten und Pflichten,[47] oder lediglich um einen inhaltsleeren Status handeln sollte, d.h. um die rechtlich festgesetzte Eigenschaft einer Person.[48] Vieles spricht zwar für die erstgenannte Ansicht. Aber selbst wenn man ein Rechtsverhältnis nicht auf die völkerrechtlich tradierten Rechte, sondern auf diplomatischen Schutz beschränken wollte, käme doch zu dessen Beschreibung nur ein beschränkter, mit der besonderen Bedeutung der Staatsangehörigkeit zu begründender Inhalt in Frage.[49] Dazu kann und

---

46 Krit. deshalb und wegen der unklaren Folgen *Hailbronner/Thym*, Ruiz Zambrano – die Entdeckung des Kernbereichs der Unionsbürgerschaft, NJW 2011, S. 2008, 2010 ff.; ebenfalls zur Begründung krit., aber die Entscheidung als „vorsichtige Rechtsfortbildung" im Ergebnis verteidigend, *N. Graf Vitzthum*, Die Entdeckung der Heimat der Unionsbürger, EuR 2011, S. 550, 554 ff.

47 So etwa *Zorn*, Reichs- und Staatsangehörigkeit, in: Fleischmann (Hrsg.), Wörterbuch des Deutschen Staats- u. Verwaltungsrechts, 3. Bd., 2. Aufl. 1914, S. 261, 266; *Lifschütz*, Vergleichende Betrachtung der Staatsangehörigkeitsgesetze vom 1. Juli 1870 und vom 22. Juli 1913, AöR 33 (1915), S. 115, 116; *Stier-Somlo*, Deutsches Reichs- und Landesstaatsrecht, 1924, S. 418; *Ehrlich*, Über Staatsangehörigkeit – zugleich ein Beitrag zur Theorie des öffentlich-rechtlichen Vertrages und der subjektiven öffentlichen Rechte, 1930, S. 7 ff.; aus neuerer Zeit etwa *Grawert*, Staatsangehörigkeit und Staatsbürgerschaft, Der Staat 23 (1984), S. 179, 183.

48 Vgl. *Laband*, Das Staatsrecht des deutschen Reiches, Bd. 1, 2. Aufl. 1888, S. 140: „Die Angehörigkeit zu einem Staate ist ein Zustand …; sie besteht in der Untertanenschaft zu einer bestimmten Staatsgewalt"; *Makarov*, Allgemeine Lehren der Staatsangehörigkeit, 1947, S. 23; aus neuerer Zeit *Hoffmann*, Zur Frage der Staatsangehörigkeit in Deutschland, ArchVR 19 (1980), S. 257, 272. Allerdings sollte dieser Status notwendigerweise mit Rechten verbunden sein. Vgl. zu dem Hintergrund der Diskussion und zu den beschränkten praktischen Folgen *Grawert*, Staat und Staatsangehörigkeit, 1973, S. 227 ff.

49 Zu der umgekehrten Frage, nämlich der Lösung von speziellen Bürgerrechten wie dem Wahlrecht von der Staatsangehörigkeit, *Lenski*, Bürgerstatus im Licht von Migration und europäischer Integration, DVBl. 2012, S. 1057, 1063 f., wobei unterstellt wird, mit der Staatsangehörigkeit seien „persönliche Identitätsvorstellungen" verbunden, mit einem Bürgerstatus könnten davon trennbare demokratische Komponenten einer politischen Mitwirkung erfaßt werden. Zu der Relativität von Zugehörigkeitsinhalten *Graser*, Gemeinschaften ohne Grenzen, 2008, S. 89 f.

sollte man das Aufenthaltsrecht zählen.[50] Was sonst notwendigerweise dazu gehört, bedürfte einer sorgfältigen Herleitung. Nicht umsonst hatte sich die Generalanwältin in ihrem Schlußantrag zu der Rs. *Ruiz Zambrano* näher mit der Bedeutung der Grundrechte befaßt,[51] wovon im Urteil jedoch nichts zu lesen ist.

b) Tatsächlich hat sich dann der EuGH in zwei nachfolgenden Entscheidungen viel zurückhaltender gezeigt. Er hat die lückenhafte und vor allem viel zu allgemein gehaltene Begründung in *Ruiz Zambrano* einzufangen versucht. Die erste Entscheidung betraf die Rs. *McCarthy*.[52] Hier wollte eine Irin, die im Vereinigten Königreich lebte, zugleich britische Staatsangehörige war und einen jamaikanischen Staatsangehörigen geheiratet hatte, ein Aufenthaltsrecht auf der Grundlage der Aufenthaltsrichtlinie (RL 2004/38) erhalten. Auf diese Weise wollte sie – wie der EuGH selbst feststellte – ihrem Mann, der nach britischem Ausländerrecht keinen Anspruch auf einen Aufenthaltstitel besaß, als Familienangehörigem zu einer abgeleiteten Aufenthaltserlaubnis verhelfen.[53] Dazu hat der EuGH zunächst auf die Unanwendbarkeit des Sekundärrechts hingewiesen, weil dieses die Situation eines Staatsangehörigen, der sich immer im Land seiner Staatsangehörigkeit aufgehalten habe, nicht erfasse.[54] Aber auch Art. 21 AEUV gewährte keinen Schutz. Allerdings soll dies nach wie vor und offensichtlich nicht aus dem fehlenden grenzüberschreitenden Element allein folgen. Vielmehr betonte der Gerichtshof ausdrücklich, daß innerstaatliche Sachverhalte unter die Unionsbürgerschaft fallen können. Er erkannte aber keine Gefahr für die Wahrnehmung eines Kernbestands von Rechten, namentlich nicht die Gefahr, daß die Betroffene ihr Heimatland verlassen müßte.

Die zweite Entscheidung erging in der Rs. *Dereci*.[55] Auch bei ihr stand ein Aufenthaltsrecht von Drittstaatsangehörigen im Raum, und zwar von Familienangehörigen österreichischer Staatsangehöriger, die aus unterschiedlichen Herkunftsländern und unter verschiedenen Umständen nach Österreich eingereist waren. In dieser Entscheidung hat der Gerichtshof präzisiert, was er unter der „Verwehrung des Genusses eines Kernbestands von Rechten" versteht. Gemeint sein soll nur eine Situation, in der sich ein Unionsbürger „*de facto*" zur Ausreise „gezwungen sieht", und zwar zur Ausreise aus dem „Gebiet der Union als Ganzes".[56] Ausdrücklich wurde hinzugesetzt, es reiche nicht aus, wenn es einem Staatsbürger eines Mitgliedstaats „aus wirtschaftlichen Gründen oder zur Aufrechterhaltung der Familiengemeinschaft" „wünschenswert erscheinen könnte", sich zusammen mit Familienangehörigen, die nicht die Staatsbürgerschaft eines Mitgliedstaats besitzen, in

---

50 *Becker* (Fußn. 26), Rdnr. 15.
51 SA der GA *Sharpston* v. 30.9.2010 in der Rs. C-34/09, Rdnr. 151 ff.
52 EuGH v. 5.5.2011, Rs. C-434/09, n.v.
53 A.a.O., Rdnr. 23.
54 A.a.O., Rdnr. 39.
55 EuGH v. 15.11.2011, Rs. C-256/11, n.v.
56 A.a.O., Rdnr. 66.

der Union aufzuhalten.[57] Unklar bleibt dabei, wie eine Situation des Zwangs von der des Wunsches abzugrenzen ist. Auf den Horizont des Empfängers von Maßnahmen, die diese Gefühle auslösen können, wird man alleine nicht abstellen. Vielmehr bedarf es einer objektivierten Bewertung dieser Maßnahmen, insbesondere nach der Schwere der mit ihnen verbundenen Folgen.

IV. Rekonstruktion: Notwendige und verbundene Rechte aus der Angehörigkeit

1. Ausgangspunkt: Statisches und dynamisches Aufenthaltsrecht

Das soll für einen Überblick über die Entwicklung der Rechtsprechung zur Unionsbürgerschaft genügen. Wie lassen sich die angesprochenen Gesichtspunkte zu einem kohärenten, der Bedeutung der Unionsbürgerschaft gerecht werdenden Bild zusammensetzen?

Was den Rahmen angeht, so baut die Unionsbürgerschaft zwar auf der Staatsangehörigkeit auf, entfaltet aber neue Rechte und damit auch eine eigene rechtliche Gestalt. Ihren Verlust unionsrechtlich zu kontrollieren, ist deshalb folgerichtig und angesichts der groben Prüfung sowie der ohnehin zu beachtenden völkerrechtlichen Vorgaben[58] mit der Zuständigkeit der Mitgliedstaaten für das Staatsangehörigkeitsrecht vereinbar.

Die Ausfüllung dieses Rahmens ist schwieriger. Dafür weiterführend ist eine, wenn auch vom EuGH nur sehr unvollständig ausgearbeitete, Unterscheidung zwischen den aus dem Angehörigkeitsstatus selbst fließenden und den an den Angehörigkeitsstatus anknüpfenden Rechten.[59] Jeweils vermittelt werden diese über das Recht zum Aufenthalt, das als angehörigkeitsnotwendiges statisch ist, als nur durch die Angehörigkeit vermitteltes hingegen dynamisch.

a) Um mit dem letzten Punkt anzufangen: Nach wie vor ist das praktisch wichtigste, an die Unionsbürgerschaft anknüpfende Recht das auf Freizügigkeit. Dieses Recht, sich in einen anderen Mitgliedstaat zu begeben und sich dort aufzuhalten, ist Bestandteil einer umfassenden Personenverkehrsfreiheit und funktioniert nach den allgemeinen Grundsätzen der Grundfreiheiten. Es setzt insbesondere – ganz wie das seiner Ausgestaltung dienende Sekundärrecht – einen grenzüberschreitenden Sachverhalt voraus. Denn anders als das mit der Staatsangehörigkeit untrennbar verbundene Aufenthaltsrecht, das dazu dient, einen Ort des Lebens zu sichern

---

57 A.a.O., Rdnr. 68.
58 Zu deren Bedeutung im Zusammenhang mit der Unionsbürgerschaft allgemein jetzt auch EuGH v. 16.10.2012, Rs. C-364/10 (Ungarn/Slowakei), n.v., Rdnr. 44 ff.
59 Wohl a.A. *Nettesheim* (Fußn. 34), S. 1036 f.

und in diesem Sinne statisch ist, bedeutet Freizügigkeit in ihrem Kern ein Recht auf Bewegung, aus dem dann das Recht auf Aufenthalt folgt, das man als dynamisches begreifen kann. Das Recht auf Freizügigkeit schützt deshalb zugleich vor Beschränkungen der Ausreise, wie der EuGH völlig konsequent sowohl zu mittelbaren Beschränkungen durch eine nicht gerechtfertigte Inlandsklausel für die Zahlung von Sozialleistungen[60] als auch jüngst in mehreren Fällen zum Ausreiseverbot wegen der Nichtzahlung von Steuern entschieden hat[61] – übrigens ganz nebenbei mit der richtigen Feststellung, daß die Erhebung von Steuern ein Allgemeininteresse darstellt und nicht dem Verbot unterfällt, die Einhaltung der Grundfreiheiten von allgemeinen wirtschaftlichen Gründen abhängig zu machen.

b) Durch das Diskriminierungsverbot werden die Rechte auf den Aufenthalt mit Folgerechten im Aufenthalt verbunden. Davon war eingangs die Rede, auch von der Rechtsprechung, die insofern den Bezug zum Anwendungsbereich der Verträge weit gefaßt hat. Noch einmal sei hervorgehoben, daß ihre Ergebnisse rechtsdogmatisch und rechtspolitisch nicht zu beanstanden sind. Letztendlich ist aus Sicht der Unionsbürgerschaft entscheidend, daß ihre Anerkennung durch die Zulassung von diskriminierenden Maßnahmen der Mitgliedstaaten unterlaufen würde. Selbst dort, wo die Mitgliedstaaten zuständig sind, rechtfertigt dies grundsätzlich keine Diskriminierungen zwischen Staatsangehörigen der Mitgliedstaaten. Vielmehr sind die Mitgliedstaaten gehalten, ihre Kompetenzen diskriminierungsfrei auszuüben. Differenzierungen sind aber zulässig, sofern einzelne Maßnahmen in einem unmittelbaren Zusammenhang zur gesellschaftlichen Integration stehen. Allerdings ist insoweit das zulässige Differenzierungskriterium nicht die Staatsangehörigkeit an sich, sondern das bestehende und evtl. mit ihr verknüpfte Aufenthaltsrecht. Im übrigen setzt das Diskriminierungsverbot nur an Bestehendem an. Es kann etwa nicht dazu dienen, neue Rechte zu begründen.[62] In diesem Zusammenhang besteht keine allgemeine Verpflichtung der Mitgliedstaaten, ihre Einrichtungen und Leistungen möglichst „freizügigkeitsförderlich" auszugestalten.

Daß über das Diskriminierungsverbot eine weitgehende Angleichung der Rechtsposition von Unionsbürgern erfolgen kann, hat auch das BVerfG anerkannt. Es hat mit seiner „*Cassina*"-Entscheidung den Grundrechtsschutz für ausländische juristische Personen trotz Art. 19 Abs. 3 GG auf unionsangehörige Unternehmen erweitert, und zwar gestützt auf die Bedeutung der Grundfreiheiten und das Verbot der Diskriminierung von Staatsangehörigen, das auch juristische Personen erfas-

---

60 EuGH v. 26.10.2006, Rs. C-192/05 (Tas-Hagen), Slg. 2006, S. I-10451; v. 4.12.2008, Rs. C-221/07 (Zablocka-Weyhermüller), Slg. 2008, S. I-9029.
61 EuGH v. 17.11.2011, Rs. C-434/10 (Aladzhov) und Rs. 430/10 (Gaydarov), ferner v. 4.10.2012, Rs. C-249/11 (Byankov), jeweils n.v.
62 So zu in einem Mitgliedstaat nicht vorgesehenen Pflegeleistungen EuGH v. 16.7.2009, Rs. C-208/07 (Chamier-Gliscinski), Slg. 2009, S. I-6095, unter Hinweis auf das Koordinierungsrecht.

se.[63] Ob die Deutschengrundrechte ebenfalls Unionsbürgern zustehen oder ein Grundrechtsschutz, wie in der Entscheidung zum Verbot des Schächtens, über Art. 2 Abs. 1 GG hergestellt wird,[64] ist eine Frage der Konstruktion und nicht des Schutzumfangs.[65]

c) Es entspricht dem grundfreiheitlichen Ansatz, daß das Freizügigkeitsrecht der Unionsbürger auch vor Beschränkungen als Formen hoheitlicher Eingriffe geschützt wird – und zwar nicht nur wie erwähnt bei der Ausreise aus dem eigenen Herkunftsland, sondern auch bei der Einreise in einen anderen Mitgliedstaat. Der EuGH hat das in einer Reihe von Entscheidungen, namentlich in den Rs. *Garcia Avello*[66], *Grunkin Paul*[67] und *Sayn-Wittgenstein*[68], betont. Sie betrafen alle das Recht von Unionsbürgern, einen bestimmten Namen zu führen. Allerdings ergibt sich hier – wie bei anderen Grundfreiheiten bekannt und die international-privatrechtlichen Implikationen außer acht lassend – das Problem, nationale Maßnahmen im Hinblick auf einen spezifischen Einreisebezug zu qualifizieren. Der EuGH hat auf die Bedeutung des Namens für die eigene Identität und damit auf eine Grundrechtsbetroffenheit abgestellt. Das ist in einer den Schutz von Grundrechten anerkennenden Rechtsordnung ein passender Weg. Über den genauen Zusammenhang von Unionsbürgerschaft und Grundrechtsschutz ist damit aber noch nichts gesagt.

2. Unionsbürgerschaft und Grundrechtsschutz

Dieser letzte Punkt betrifft die notwendig mit der Unionsbürgerschaft verbundenen Rechte. Entsprechende Rechte bestehen unabhängig von einer wie auch immer gearteten Aktivität, insbesondere unabhängig von einer Grenzüberschreitung. Sie

---

63 BVerfGE 129, 78, Rn. 75: „Die Anwendungserweiterung des Grundrechtsschutzes auf juristische Personen aus der Europäischen Union entspricht den durch die europäischen Verträge übernommenen vertraglichen Verpflichtungen, wie sie insbesondere in den europäischen Grundfreiheiten und - subsidiär - dem allgemeinen Diskriminierungsverbot des Art. 18 AEUV zum Ausdruck kommen. Die Grundfreiheiten und das allgemeine Diskriminierungsverbot stehen im Anwendungsbereich des Unionsrechts einer Ungleichbehandlung in- und ausländischer Unternehmen aus der Europäischen Union entgegen und drängen insoweit die in Art. 19 Abs. 3 GG vorgesehene Beschränkung der Grundrechtserstreckung auf inländische juristische Personen zurück."

64 BVerfGE 104, 337, Rn. 32: „Diese Tätigkeit wird, weil der Beschwerdeführer nicht deutscher, sondern türkischer Staatsangehöriger ist, nicht durch Art. 12 Abs. 1 GG geschützt. Schutznorm ist vielmehr Art. 2 Abs. 1 GG in der Ausprägung, die sich aus dem Spezialitätsverhältnis zwischen dem auf Deutsche beschränkten Art. 12 Abs. 1 GG und dem für Ausländer nur subsidiär geltenden Art. 2 Abs. 1 GG ergibt (vgl. dazu BVerfGE 78, 179 <196 f.>)."

65 So zu Recht *Manssen*, in: v. Mangoldt/Klein/Starck, GG, Bd. 1, München 6. Aufl. 2010, Art. 12 Rdnr. 267.

66 EuGH v. 2.10.2003, Rs. C-148/02, Slg. 2003, S. I-11613.

67 EuGH v. 14.10.2008, Rs. C-353/06, Slg. 2008, S. I-7639.

68 EuGH v. 22.12.2010, Rs. C-208/09, Slg. 2010, S. I-13693.

folgen aus dem Status selbst. Sie sind auch vom Staat der eigenen Angehörigkeit zu beachten. Unzweifelhaft ist das nur für die positiv geregelten Rechte, also für Art. 22 ff. AEUV. Zweifelhaft wird es hingegen für den vom EuGH erwähnten „Kernbestand von Rechten". Versteht man diesen Kernbestand wie in der Rs. *Dereci* so, daß ein Mitgliedstaat seinen Angehörigen das Aufenthaltsrecht nicht entziehen darf, dann steht das mit allgemeinen völkerrechtlichen Grundsätzen im Einklang. Es entspricht vor allem auch einem Verständnis der Angehörigkeit zu einer politischen Gemeinschaft, das als Mindestbedingung für die Lebensentfaltung den Aufenthalt, einen Ort zum Leben, voraussetzt. Darin liegt, und nur darin, nicht hingegen in den möglicherweise auch aus anderen Gründen als der Angehörigkeit zu verleihenden Rechten, die Unentrinnbarkeit des Schicksals aller Angehörigen zu einer politischen Gemeinschaft, wie auch immer diese Angehörigkeit begründet wird. Gerade in Deutschland kann angesichts der historischen Erfahrungen dieser Schutz nicht negiert werden – wenn es auch eine bemerkenswerte Weiterentwicklung darstellt, diesen Schutz nun auf Unionsebene für das Unionsgebiet anzusiedeln.

Seine Reichweite zu bestimmen, ist aber denkbar schwierig. Einerseits soll der Schutz vor Entzug des Aufenthaltsrechts nicht auf rechtliche Maßnahmen beschränkt bleiben, weil sonst eine Schutzlücke geschaffen würde. Andererseits birgt das Abstellen auf die faktische Behandlung von Angehörigen die Gefahr der Uferlosigkeit, weil alle möglichen Lebensumstände einbezogen sein können. Der EuGH gibt zur Bewältigung dieses Spagats keine Hilfestellung. Wenn er aber darauf hinweist, weder eine Beendigung des Zusammenlebens in der Familie noch die Versagung der Möglichkeit zur Ausübung einer Erwerbstätigkeit seien ausreichend schwere Eingriffe, dann dürfte sich unmittelbar aus der Unionsbürgerschaft nur noch ein Schutz gegen außergewöhnlich schwerwiegende und sich unmittelbar auf den Aufenthalt beziehende Maßnahmen ergeben.

Von einer umfassenden, über das Aufenthaltsrecht konstruierten grundrechtlichen Aufladung der Unionsbürgerschaft[69] bleibt damit fast nichts übrig, wenn auch einzelne Stimmen die Relativierung der „Kernbereichsthese" durch den EuGH selbst nicht als Rückzug verstehen wollen.[70] Sie weisen im übrigen durchaus zu recht darauf hin, daß mit den neuen Entscheidungen für die Betroffenen besondere Härten verbunden waren – oder genauer, der EuGH diese Härten nicht verhindert hat. Insbesondere in der Rs. *McCarthy*, in der es auf den ersten Blick um eine schon

---

69 In diese Richtung argumentierend *v. Bogdandy/Kottmann/Antpöhler/Dickschen/Hentrel/Smrkolj*, Reverse Solange – Protecting the Essence of Fundamental Rights against EU Member States, CMLR 2012, S. 489 ff.

70 *Kochenov/Plender* (Fußn. 2), S. 392.

fast mißbräuchliche Inanspruchnahme von Bürgerrechten zu gehen schien, war in der Wirklichkeit eine dringend auf Unterstützung angewiesene Person mit Behinderung in eine für sie kaum mehr lösbare Situation gebracht worden.[71]

Das ändert allerdings nichts daran, daß in diesen und entsprechenden Situationen rechtlicher Schutz statt über die Unionsbürgerschaft über die Grundrechte zu gewährleisten ist. Erstens besitzen diese weitgehend die Qualität von Menschenrechten. Ihre Beachtung steht jedem Menschen zu und hängt gerade nicht von einem Bürgerstatus ab.[72] Zweitens würde die Aufladung der Unionsbürgerschaft durch Grundrechte diesen einen neuen Geltungsgrund verschaffen. Sie würde die gestufte Grundrechtsordnung über die Auslegung einer nicht zu dieser Ordnung gehörenden Vorschrift einebnen. Nicht umsonst hat der EuGH denn auch in der Rs. *Dereci* die Verletzung von Grundrechten durch die Versagung der Familienzusammenführung eigenständig geprüft. Er hat hinsichtlich der Grundrechtecharta auf deren Art. 51 und den daraus folgenden beschränkten Anwendungsbereich hingewiesen.[73] Ist danach die Grundrechtecharta unanwendbar, greift der rechtliche Schutz über die EMRK.

Es mag bedauerlich sein, daß der EuGH zwar auf die EMRK verwiesen hat, eine eigenständige Prüfung aber nicht vornehmen konnte. Daran hätte sich durch einen Beitritt der Union zur EMRK[74] wenig geändert. Auch in Zukunft werden, selbst nach einer Harmonisierung innerhalb der Union, Rechtsgrundlagen und Zuständigkeiten für den Grundrechtsschutz je nach Sachverhalt unterschiedlich sein. Insofern wird die Abstimmung dieses Schutzes schwierig bleiben und der Versuch einer abgestimmten Handhabung nicht einfach sein. Eine Einebnung der Quellen ist auf dem derzeitigen Stand jedenfalls ausgeschlossen und in Zukunft wenig wahrscheinlich, denn sie würde die Zuständigkeit des EuGMR mißachten. In jedem Fall ist sie aber nicht allein durch eine schöpferische Interpretation des Unionsrechts herzustellen.

---

71 A.a.O., S. 388 ff.
72 Weshalb sie auch nicht daran geknüpft werden, vgl. aber zu einem allerdings unklar konstruierten möglichen Zusammenhang *de Waele* (Fußn. 17), S. 331 ff.
73 EuGH v. 15.11.2011, Rs. C-256/11 (Dereci), n.v., Rdnr. 71. Dazu jetzt auch EuGH v. 8.11.2012, Rs. C-40/11 (Iida), n.v., Rdnr. 78 ff.
74 Zu der die EU nach Art. 6 Abs. 2 S. 1 EUV verpflichtet ist, deren Realisierung aber sicher noch einige Zeit in Anspruch nehmen wird.

V. Fazit

Als Fazit bleibt: Auch wenn die Union auf dem begrüßenswerten Weg zu einer Grundrechtsgemeinschaft[75] vorankommt und die Wahrung der Rechte ihrer Bürger Bedeutung gewinnt, ist die Unionsbürgerschaft nicht die rechtliche Grundlage für ein umfassendes Bündel aller möglichen Rechte im Aufenthalt.

Sie ist aber ein zunehmend wichtiges Fundament der europäischen Integration, weil sie ein rechtliches Band zwischen der Union und den in ihr lebenden Bürgern knüpft. Dieser neue und über die Staatsangehörigkeit hinausgehende Zugehörigkeitsstatus erfährt durch die jüngere Rechtsprechung des EuGH eine stärkere Konturierung.

Darüber hinaus lassen die mit der Unionsbürgerschaft verbundenen grenzüberschreitenden Rechte die Vorteile der europäischen Integration für die Bürger praktisch erfahrbar werden. Das ist angesichts der Schwierigkeiten, eine europäische Identität auszubilden,[76] in den heutigen Zeiten, in denen die politische Zukunft der Europäischen Union von vielen als unsicher empfunden wird, nicht zu unterschätzen.

---

75 Dazu und zur Bedeutung der GRC *Schwarze*, Europäische Verfassungsperspektiven nach Nizza, NJW 2002, S. 993 ff., 995 f.
76 Vgl. *Guiberneau*, Prospects for a European Identity, International Journal of Politics, Culture and Society 2011, S. 31 ff.; zu einem möglichen Zusammenhang zwischen Bürgerschaft und kollektiver Identität, allerdings verstanden als politisches Zusammengehörigkeitsgefühl, *Karolewski*, Citizenship and Collective Identity in Europe, 2010; vgl. aber auch zu der Schwierigkeit, Gründe für eine Identitätsbildung zu belegen, *Bellucci/Sanders/Serricchio*, Explaining European Identity, in: Sanders/Bellucci/Tóka/Torcal, The Europeanization of National Policies?, 2012, S. 61 ff.

*Philipp Voet van Vormizeele**

Die Stellung von Unternehmen im Wirtschafts- und Wettbewerbsrecht der Europäischen Union

I. Einleitung

Der Europäische Gerichtshof und auch die Europäische Kommission sind bisweilen als „Motor der europäischen Integration" bezeichnet worden.[1] Es ist daher sicherlich nicht vermessen, Unternehmen bzw. unternehmerisches Handeln als „Treibstoff" für die europäische Integration zu bezeichnen. Die Europäische Union basiert in ihren Grundlagen auf der Idee einer europäischen Wirtschaftsunion und dem Gedanken, dass Friede und Freiheit langfristig nur durch wirtschaftliche Stabilität und Wachstum gesichert werden können. Unternehmen sind als Akteure wirtschaftlichen Handelns und Garanten für wirtschaftlichen Wohlstand in das besondere Konzept des Gemeinsamen Marktes eingebunden. Dementsprechend sah das berühmte Konzept von *Jean Monnet* auch vor, dass zunächst eine konkrete Verbundenheit der Mitgliedstaaten und ihrer Bürger auf ökonomischem Gebiet hergestellt werden sollte, aus der dann später auch eine politische Union erwachsen sollte.[2] In den frühen Jahren der Europäischen Gemeinschaften waren dementsprechend insbesondere die Grundfreiheiten, durch welche die wirtschaftliche Entfaltung gewährleistet werden soll, wesentliche „Treiber" des europäischen Integrationsprozesses. Hinzu kam das allgemeine Ziel der Verwirklichung und des Funktionierens des Binnenmarkts als Kernelement europäischer Integration.[3]

Heute kann man sicherlich konstatieren, dass das ursprünglich unter ökonomischen Aspekten verfolgte Ziel der Errichtung eines Binnenmarktes in einem Maße

---

* Der Verfasser ist Rechtsanwalt und General Counsel der finnischen Outokumpu-Gruppe.

1 Vgl. etwa: *Hallstein,* Die echten Probleme der europäischen Integration, in: ders., Europäische Reden, 1979, S. 529; *Haltern,* in: Bieling/Lerch (Hrsg.), Theorien der europäischen Integration, 2006, 399, 409 ff.

2 Vgl. dazu *Monnet,* Erinnerungen eines Europäers, München, 1978, S. 547ff. ; *Schwarze,* Das wirtschaftsverfassungsrechtliche Konzept des Verfassungsentwurfs des Europäischen Konvents - zugleich eine Untersuchung der Grundprobleme des europäischen Wirtschaftsrechts, EuZW 2004, S. 135. In dem ersten Gemeinschaftsvertrag, dem Vertrag über die Gründung der Europäischen Gemeinschaft für Kohle und Stahl, wird dieses Konzept in Absatz 3 der Präambel wie folgt zum Ausdruck gebracht: „IN DEM BEWUSSTSEIN, dass Europa nur durch konkrete Leistungen, die zunächst eine tatsächliche Verbundenheit schaffen, und durch die Errichtung gemeinsamer Grundlagen für die wirtschaftliche Entwicklung aufgebaut werden kann, ..."

3 Vgl. *von der Groeben,* Aufbaujahre der Europäischen Gemeinschaft, 1982, S. 57ff.

erreicht wurde, wie dies für die Gründerväter der europäischen Gemeinschaften sicherlich nur schwer vorstellbar gewesen sein dürfte. Auch wenn die Errichtung des Binnenmarkts eine „Daueraufgabe" der Europäischen Union bleibt, ist inzwischen ein Maß an europäischer Integration erreicht, welches weltweit unvergleichbar ist und als Maßstab für wirtschaftliche Prosperität und ein friedliches Zusammenwachsen eines vor mehr als einem halben Jahrhundert noch tief verfeindeten Kontinents gilt. Die Verleihung des Friedensnobelpreises an die Europäische Union im Jahre 2012 ist hierfür ein bedeutendes Symbol.[4] Besonders letztere Entwicklung zeigt aber auch die Emanzipation der Europäischen Union von einer reinen Wirtschaftsgemeinschaft hin zu einer – wie *Jean Monnet* es bezeichnete – politischen Union. Die Europäische Union basiert heute auf grundlegenden Werten wie „Achtung der Menschenwürde, Freiheit, Demokratie, Gleichheit, Rechtsstaatlichkeit und Wahrung der Menschenrechte" (vgl. Artikel 2 Abs. 1 EUV) Hinzu kommt eine Ausweitung der Politiken der Union auf Bereiche wie Umweltschutz, Klimaschutz, Verbraucherschutz, Tierschutz und Sicherstellung sozialer Gerechtigkeit. Nach Art. 3 Abs. 3 EUV wirkt die Europäische Union auf „*eine in hohem Maße wettbewerbsfähige soziale Marktwirtschaft*" hin, die auf Vollbeschäftigung und sozialen Fortschritt gerichtet ist. Damit wird das Leitbild der sozialen Marktwirtschaft zum ersten Mal ausdrücklich als wirtschaftsverfassungsrechtliches Prinzip in die Verträge aufgenommen. Auch wenn allgemein die praktischen Auswirkungen dieser Klausel als gering eingestuft werden,[5] zeigt sich hier doch deutlich der Paradigmenwechsel von einer rein marktwirtschaftlich orientierten Wirtschaftsunion hin zu einer vereinten und auf gemeinsamen Werten basierenden politischen Union. *Jean Monnet*'s Konzept ist aufgegangen.

Natürlich hat sich auch die Rolle von Unternehmen während der Entwicklung der europäischen Integration geändert. Während unternehmerisches Handeln in den frühen Jahren der Gemeinschaften den Integrationsprozess maßgeblich bestimmte, sind Unternehmen heute neben diversen anderen Gruppen von Akteuren Bestandteil des europäischen Prozesses und müssen sich einfügen in die Austarierung der jeweiligen Interessenslagen. Die Entfaltung unternehmerischen Handelns steht – zu Recht – unter dem Vorbehalt diverser Querschnittsklauseln in den Ver-

---

4 Hierzu: *Wägenbaur*, Zur Verleihung des Friedensnobelpreises an die EU, EuZW 2013, S. 1.
5 *Nowak*, Wettbewerb und soziale Marktwirtschaft in den Regeln des Lissaboner Vertrags, EuR 2011, S. 21, 38 ff. m.w.N.

trägen, welche die Berücksichtigung von der von der Europäischen Union verfolgten Ziele sicherstellen sollen.[6] Das ist weder verwunderlich noch angreifbar, sondern spiegelt lediglich die Tatsache wider, dass Unternehmen gleichberechtigte Teilnehmer des wirtschaftlichen, politischen und gesellschaftlichen Lebens sind. Betrachtet man indes die Entwicklung des Unionsrechts bei der Ausformung des rechtlichen Schutzniveaus von Unternehmen – insbesondere im Bereich des direkten Verwaltungsvollzugs durch die Europäische Union – so sind Defizite bei der Berücksichtigung von berechtigten Unternehmensinteressen festzustellen. Während das allgemein-rechtliche Schutzniveau – etwa durch die verbindliche Einbeziehung der Charta der Grundrechte der Europäischen Union– insgesamt gestiegen ist, stagniert in einigen Bereichen des Wirtschafts- und Wettbewerbsrecht der (Grundrechts-)Schutzstandard für Unternehmen. Nachfolgend soll dies anhand einzelner Beispiele verdeutlicht werden (siehe unten III.). Vorab soll aber noch einmal die bereits angedeutete Entwicklung von Grundrechten und allgemeinen Rechtsgrundsätzen für Unternehmen und deren Relation zu den gemeinwohlorientierten Zielen der Union (siehe II.) näher beleuchtet werden.

II. Entwicklung von Grundrechten und allgemeinen Rechtsgrundsätzen für Unternehmen und deren Relation zu den gemeinwohlorientierten Zielen der Union

In den Anfangsjahren der Europäischen Gemeinschaften hat insbesondere die Rechtsprechung des Europäischen Gerichtshofs zu einer konkretisierenden Ausprägung des rechtlichen Schutzstandards für Unternehmen sowohl in materieller als auch prozeduraler Hinsicht beigetragen. Schon in der Rechtssache „Nold"[7] aus dem Jahr 1974 hat der EuGH die Vereinbarkeit einer Kommissionsentscheidung mit dem Recht auf freie Berufsausübung sowie mit dem Eigentumsrecht einer deutschen Kommanditgesellschaft überprüft. Seither hat der EuGH die Berufsfreiheit und das Eigentumsrecht in zahlreichen Entscheidungen auf Unternehmen angewendet.[8] Dabei hat der EuGH die Berufsfreiheit in einem weiten Sinne verstan-

---

6 Zum Rechtsinstitut der Querschnittsklauseln: *Scheuing*, Umweltschutz auf Grundlage der Europäischen Einheitlichen Akte, EuR 1982, S. 152, 176; *Everling*, Zu den Querschnittsklauseln im EWG-Vertrag, FS Schockweiler, 1999, S. 131; *ders.*, Querschnittsklauseln im reformierten Europäischen Kartellrecht, FS Huber, 2006, S. 1073 ff.; *Stein*, Die Querschnittsklausel zwischen Maastricht und Karlsruhe, FS Everling, 1995, S. 1439; *Gasse*, Die Bedeutung der Querschnittsklauseln für die Anwendung des Gemeinschaftskartellrechts, 2000; *Müller-Graff*, EuR Beiheft 1/2002, S. 7, 27 ff.
7 EuGH, Rs. 4/73, Nold, Slg. 1974, 491 Rn. 12ff.
8 So z.B. EuGH, Rs. C-200/96, Metronome Music GmbH; Slg. 1998, I-1953 Rn. 21ff. = EuZW 1998, 406; EuGH, Rs. 265/87, Schräder, Slg. 1989, 2237 Rn. 15ff.

den und als umfassende wirtschaftliche Betätigungsfreiheit ausgeformt.[9] Häufig ging es in den zu Grunde liegenden Fällen um die Rechtmäßigkeit gemeinsamer Marktordnungen, durch die sich einige Unternehmen benachteiligt fühlten.[10] Heutzutage ist die Berufsfreiheit in Artikel 15 GRCh verankert und umfasst das Recht, zu arbeiten und einen frei gewählten oder angenommenen Beruf auszuüben. Artikel 15 Abs. 2 GRCh gewährt im Einzelnen allen Unionsbürgerinnen und Unionsbürgern die Freiheit, in jedem Mitgliedstaat zu arbeiten, sich niederzulassen oder Dienstleistungen zu erbringen. Damit haben die Gewährleistungen der Freizügigkeit der Arbeitnehmer (Artikel 45 ff. AEUV), der Niederlassungsfreiheit (Artikel 49 ff. EG) und der Dienstleistungsfreiheit (Artikel 56 ff. EG) Eingang in die Charta gefunden.[11] Gerade die Niederlassungs- und die Dienstleistungsfreiheit stellen bedeutsame wirtschaftsverfassungsrechtliche Garantien für Unternehmen im europäischen Binnenmarkt dar.[12] Daneben findet sich in Artikel 16 GRCh das Grundrecht auf unternehmerische Freiheit, welches eine weitere elementare Säule für den Grundrechtsschutz von Unternehmen in der Europäischen Union bildet. Die unternehmerische Freiheit des Artikel 16 GRC schützt das Recht zur Ausübung einer Wirtschafts- oder Geschäftstätigkeit und zudem die Vertragsfreiheit sowie die Freiheit des Wettbewerbs.[13] Artikel 17 GRCh garantiert darüber hinaus jeder Person das Recht, ihr rechtmäßig erworbenes Eigentum zu besitzen, zu nutzen, darüber

---

9 EuGH, verb. Rs. C-143/88 u. C-92/89, Zuckerfabrik Süderdithmarschen, Slg. 1991, I-415 Rn. 76f. = EuZW 1991, 313 = NJW 1991, 2207; EuGH, verb. Rs. C- 90/90 u. C-91/90, Jean Neu u. a./Secrétaire d'Etat à l'Agriculture et à la Viticulture, Slg. 1991, I- 3617, Rn. 13; EuGH, Rs. C-306/93, SMW Winzersekt GmbH, Slg. 1994, I- 5555, Rn. 22, 24vgl. auch *Wunderlich*, Das Grundrecht der Berufsfreiheit im Europäischen Gemeinschaftsrecht, 2000, S. 106 f.; *Blanke*, in: Tettinger/Stern (Hrsg.), Kölner Gemeinschaftskommentar Europäische Grundrechte-Charta, 2006, Art. 15, Rn. 25; *Ruffert*, in: Calliess/Ruffert AEUV/EUV, 5. Aufl., 2012, Art. 15 GRCh, Rn. 4; *Schwarze*, in: ders. (Hrsg.), EU-Kommentar, 3. Aufl. 2012, Art. 15 GRC, Rn. 4.
10 *Schwarze*, Der Grundrechtsschutz für Unternehmen in der Europäischen Grundrechtecharta, EuZW 2001, S. 517, 519; Zur Rechtmäßigkeit der gemeinsamen Marktorganisation für Bananen EuGH, Rs. C-280/93, Deutschland/Rat, Slg. 1994, I-4973 = EuZW 1994, 688; EuGH, Rs. C-466/93, Atlanta Fruchthandelsgesellschaft mbH, Slg. 1995, I-3799 = EuZW 1995, 836 = NJW 1996, 1333; EuG, Rs, T-254/97, Fruchthandelsgesellschaft mbH Chemnitz, Slg. 1999, II-2743 Rn. 74; EuGH, Rs. C-104/97P, Atlanta A.G.S., Slg. 1999, I-6983 Rn. 46. Siehe auch EuGH, Rs. C-306/93, SMW Winzersekt GmbH, Slg. 1994, I-5555Rn. 21 ff. = EuZW 1995, 109 = NJW 1995, 2543; EuGH, verb. Rsen. 133-136/85, Rau Lebensmittelwerke, Slg. 1987, 2289 Rn. 15ff.
11 Schon im Abs. 3 der Präambel der GRCh wird die Gewährleistung der Grundfreiheiten des Binnenmarktes hervorgehoben.
12 Dass sich auch Gesellschaften und sonstige juristische Personen auf diese Freiheiten berufen können, ist in Art. 54 AEUV (für die Dienstleistungsfreiheit i.V. mit Art. 62 AEUV) ausdrücklich anerkannt, vgl. *Schwarze*, Der Grundrechtsschutz für Unternehmen in der Europäischen Grundrechtecharta, EuZW 2001, S. 517, 519.
13 *Schwarze*, Der Grundrechtsschutz für Unternehmen in der Europäischen Grundrechtecharta, EuZW 2001, S. 517, 519; *Sasse*, Die Grundrechtsberechtigung juristischer Personen durch die unternehmerische Freiheit gemäß Art. 16 der Europäischen Grundrechtecharta, EuR 2012, S. 628 ff.

zu verfügen und es zu vererben. Abs. 2 dieser Vorschrift bezieht ausdrücklich auch den Schutz des geistigen Eigentums ein und trägt damit der zunehmenden Bedeutung dieser spezifischen Ausprägung des Eigentumsrechts Rechnung. Nach den Erläuterungen des Präsidiums zur GRCh orientiert sich das Eigentumsrecht in der Charta maßgeblich an Art. 1 erstes Zusatzprotokoll zur EMRK sowie an der Rechtsprechung des EuGH zum gemeinschaftsrechtlichen Eigentumsschutz.[14] Zweifellos können sich nach der Schutzrichtung dieser Bestimmung auch Unternehmen auf die Eigentumsgarantie berufen.

In prozessualer Hinsicht sind vor allem die in der Rechtsprechung unter dem Oberbegriff Verteidigungsrechte („*droits de la défense*") entwickelten allgemeinen Rechtsgrundsätze des Unionsrechts wie Anspruch auf rechtliches Gehör, Recht auf Akteneinsicht, Schutz von Geschäftsräumen, Schutz der Vertraulichkeit der Kommunikation zwischen Mandant und Rechtsanwalt („*Legal Professional Privilege*") und das Recht zur Auskunftsverweigerung als wichtige Meilensteine der Entwicklung des Schutzstandards für Unternehmen zu nennen. Insbesondere im Bereich des direkten Verwaltungsvollzugs und des europäischen Sanktionsrechts spielen auch die von der Rechtsprechung als allgemeine Rechtsgrundsätze mit Grundrechtsrang anerkannten Prinzipen der Gesetzlichkeit („*nulla poena sine lege*"), der Bestimmtheit und der Verhältnismäßigkeit von Sanktionen eine wichtige Rolle. Grundlage für die Herausbildung von allgemeinen Rechtsgrundsätzen und europäischen Grundrechten sind nach der Grundsatzentscheidung „*Internationale Handelsgesellschaft*" des EuGH vor allem die gemeinsamen Verfassungstraditionen der Mitgliedstaaten. Auch der Europäischen Menschenrechtskonvention (EMRK) kam bereits vor dem Inkrafttreten des Vertrags von Lissabon als Erkenntnisquelle besondere Bedeutung bei der Herausbildung der europäischen Grundrechte zu. Die oben genannten Rechtsgrundsätze, insbesondere auch die im Sanktionsrecht besonders zu berücksichtigenden Prinzipen der Gesetzlichkeit, der Bestimmtheit und der Verhältnismäßigkeit sind in den Mitgliedstaaten als verfassungsrechtliche Garantien ausdrücklich anerkannt. In Frankreich finden sich in Artikel 8 der *Déclaration des droits de l'Homme* et du Citoyen bereits entsprechende Garantien; in Deutschland ist eine verfassungsrechtliche Normierung in Art. 103 Abs. 2 GG erfolgt. Verankerung haben diese Rechtsgrundsätze vor allem in Titel VI der GRCh (Justizielle Rechte) erfahren, insbesondere etwa das in Artikel 49 GRCh normierte Gesetzesmäßigkeits- und Verhältnismäßigkeitsprinzip im Zusammenhang mit Sanktionen sowie die in Artikel 48 Abs. 2 GRCh normierte Achtung der Verteidigungsrechte. In rechtstheoretischer Hinsicht sind Unternehmen

---

14 Erläuterungen zur Charta der Grundrechte, ABl. EG Nr. C 203/17, 23 ff.

damit durch ein ganzes Bündel materiell-rechtlicher und prozessualer Garantien des Unionsrechts geschützt und man sollte meinen, dass deren Belange dementsprechend umfassend gewürdigt werden.

Neben der Entwicklung von Grundrechten und allgemeinen Rechtsgrundsätzen, die für den Schutz unternehmerischen Handels besonders in deren Anfangsjahren der Europäischen Gemeinschaften aufgrund deren primär wirtschaftlich ausgerichteten Orientierung von Bedeutung waren, ist aber eben auch die Herausbildung der gemeinwohlorientierten politischen Union in Relation zum Schutz unternehmerischen Handelns zu stellen. Besonders deutlich wird dies durch das Bekenntnis zur sozialen Marktwirtschaft im Vertrag von Lissabon.[15] Der im Artikel 3 EUV enthaltene Zielkatalog nimmt verschiedene Zielsetzungen in sich auf, die im zuvor geltenden Unions- und Gemeinschaftsrecht in mehreren verschiedenen Zielkatalogen des EG-Vertrags und des EU-Vertrags angesprochen wurden. An der Spitze dieses neuen Zielkatalogs steht im ersten Absatz der vorgenannten Bestimmung zunächst das große Ziel der Union, den Frieden, ihre Werte und das Wohlergehen ihrer Völker zu fördern. Im Anschluss an Art. 3 Abs. 2 EUV, der sich mit dem Raum der Freiheit, der Sicherheit und des Rechts befasst, heißt es dann im dritten Absatz dieses Artikels, dass die Union einen Binnenmarkt errichtet und dass sie unter anderem auf die nachhaltige Entwicklung Europas auf der Grundlage eines ausgewogenen Wirtschaftswachstums und von Preisstabilität sowie auf eine in hohem Maße wettbewerbsfähige soziale Marktwirtschaft hinwirkt, die auf Vollbeschäftigung und sozialen Fortschritt abzielt. Damit hat das interpretationsoffene Leitbild oder Ziel einer in hohem Maße wettbewerbsfähigen und sozialen Marktwirtschaft nunmehr also expliziten Eingang in das primäre Unionsrecht gefunden. Das in Art. 3 Abs. 3 Satz 2 EUV angesprochene Ziel oder Leitbild der wettbewerbsfähigen sozialen Marktwirtschaft verdrängt zwar zumindest in diesem Zielkatalog den in den damaligen Art. 4 Abs. 1 und 2 EGV, Art. 98 Satz 2 EGV und Art. 105 Abs. 1 Satz 3 EGV niedergelegten *„Grundsatz einer offenen Marktwirtschaft mit freiem Wettbewerb"*. Durch das im neukonzipierten Zielkatalog des reformierten EU-Vertrags abgegebene Bekenntnis zur (auch) sozialen Marktwirt-

---

15 Hierzu ausführlich: *Nowak*, Wettbewerb und soziale Marktwirtschaft in den Regeln des Lissabonner Vertrags, EuR 2011, S. 21 ff.; *Ehlenz/Frenz*, Europäische Wirtschaftspolitik nach Lissabon, GewA 2010, S. 329 ff.; *Schwarze*, Der Reformvertrag von Lissabon – Wesentliche Elemente des Reformvertrags, EuR 2009, S. 9 ff.

schaft sollen soziale Aspekte oder Belange einen Bedeutungszuwachs erlangen, der im Sinne einer partiellen Neuausrichtung des Europäischen Sozialrechts[16] durch zahlreiche weitere Formulierungen in Art. 3 Abs. 3 bis 5 EUV („[...] *bekämpft soziale Ausgrenzung* [...] *fördert soziale Gerechtigkeit und sozialen Schutz* [...] *fördert* [...] *sozialen* [...] *Zusammenhalt* [...] *Beitrag* [...] *zur Beseitigung der Armut* [...]"), durch Art. 9 AEUV („[...] *Gewährleistung eines angemessenen sozialen Schutzes* [...] *Bekämpfung der sozialen Ausgrenzung* [...]"), durch die Art. 151-164 AEUV („Sozialpolitik") sowie durch die in der GRCh teilweise enthaltenen sozialen Grundrechte[17] zusätzlich bestätigt wird. Hierin lässt sich eine offensichtlich absichtsvolle Herstellung eines engeren Zusammenhangs zwischen ökonomischer Prosperität und sozialen Verpflichtungen[18] sowie eine ge-

---

16 *Nowak*, Wettbewerb und soziale Marktwirtschaft in den Regeln des Lissabonner Vertrags, EuR 2011, S. 21, 37. Zur partiellen Neuausrichtung der Sozialpolitik bzw. des Europäischen Sozialrechts durch den Lissabonner Reformvertrag vgl. *Bulla*, Der gemeinschaftsrechtliche Grundsatz der Solidarität auf dem Gebiet der sozialen Sicherheit, ZESAR 2010, S. 319 ff.; *Daiber*, Sozialstaatlichkeit in der Europäischen Union, VSSR 2009, S. 299, 333 ff.; *Frenz*, Soziale Grundlagen in EUV und AUEV, NZS 2011, S. 81 ff.; *Kotzur*, Die soziale Marktwirtschaft nach dem Reformvertrag, in: Pernice (Hrsg.), Der Vertrag von Lissabon: Reform der EU ohne Verfassung? S. 197 ff.; *Krebber*, Soziale Rechte in der Gemeinschaftsrechtsordnung, RdA 2009, S. 224 ff.; *Lowitzsch*, Neuausrichtung der Sozialpolitik im Europäischen Reformvertrag – Umsetzungsprobleme am Beispiel der Mitarbeiterbeteiligung, ZESAR 2010, S. 217 ff.; *Pitschas*, Europäisches Sozial- und Gesundheitsrecht „nach Lissabon", NZS 2010, S. 177 ff.; *Platzer*, Konstitutioneller Minimalismus: die EU-Sozialpolitik in den Vertragsreformen von Nizza bis Lissabon, integration 2009, S. 33, 40 ff.

17 Jeweils mit guten Überblicken dazu und m. w. N. vgl. *Bernsdorff*, Soziale Grundrechte in der Charta der Grundrechte der Europäischen Union, VSSR 2001, S. 1 ff.; *Iliopoulos-Strangas*, Soziale Grundrechte in Europa nach Lissabon, 2010 (pass.); *Eichenhofer*, Geschichte des Sozialstaats in Europa – Von der »sozialen Frage« bis zur Globalisierung, 2007, S. 106 ff.; *Krebber*, Soziale Rechte in der Gemeinschaftsrechtsordnung,, RdA 2009, S. 224 ff.; *Langenfeld*, Gehören soziale Grundrechte in die Grundrechtecharta?, in: Bröhmer/Bieber/Calliess/dies./Weber/Wolf (Hrsg.), Internationale Gemeinschaft und Menschenrechte – FS für G. Ress, 2005, S. 599 ff.; zur EMRK-rechtlichen Dimension sozialer Grundrechte vgl. etwa *Kenny*, European Convention on Human Rights and Social Welfare, EHRLR 2010, S. 495 ff. sowie *Schmahl/Winkler*, Schutz vor Armut in der EMRK?, AVR 2010, S. 405 ff

18 *Nowak*, Wettbewerb und soziale Marktwirtschaft in den Regeln des Lissabonner Vertrags, EuR 2011, S. 21, 38; *Hatje*, Die Kompetenz zur Gestaltung des Binnenmarktes in der Verfassung für die Europäische Union, in: Schwarze (Hrsg.), Der Verfassungsentwurf des Europäischen Konvents – Verfassungsrechtliche Grundstrukturen und wirtschaftsverfassungsrechtliches Konzept, 2004, S. 189, 192; *Azoulai*, The Court of Justice and the Social Market Economy: the Emergence of an Ideal and the Conditions for its Realisation, CMLRev. 2008, S. 1335, 1337.

wisse Veränderung der Akzentsetzung zugunsten des Sozialen im europäischen Integrationsprozess erblicken.[19] Letzteres hat der EuGH mit besonderer Deutlichkeit in seinen beiden Vorabentscheidungsurteilen vom 11. und 18. Dezember 2007 in den Rechtssachen „Viking Line" und „Laval" zum Ausdruck gebracht, in denen nicht nur das Recht auf Durchführung einer kollektiven Maßnahme einschließlich des Streikrechts explizit als Unions- bzw. Gemeinschaftsgrundrecht anerkannt wurde.[20] Vielmehr wird in diesen Entscheidungen speziell zum Verhältnis zwischen den zu den wesentlichen Funktionsgarantien der europäischen Wirtschaftsverfassung gehörenden Grundfreiheiten auf der einen Seite und den sozialrechtlichen Regelungsgehalten der damaligen Art. 2 EGV und Art. 136 ff. EGV auf der anderen Seite unterschiedslos auch das Folgende ausgeführt:[21]

> „Dem ist hinzuzufügen, dass die Tätigkeit der Gemeinschaft nach dem Wortlaut von Art. 3 Abs. 1 Buchst. c und j EG nicht nur »einen Binnenmarkt, der durch die Beseitigung der Hindernisse für den freien Waren-, Personen-, Dienstleistungs- und Kapitalverkehr zwischen den Mitgliedstaaten gekennzeichnet ist«, sondern auch »eine Sozialpolitik« umfasst. Art. 2 EG bestimmt nämlich, dass es u. a. Aufgabe der Gemeinschaft ist, »eine harmonische, ausgewogene und nachhaltige Entwicklung des Wirtschaftslebens« sowie »ein hohes Beschäftigungsniveau und ein hohes Maß an sozialem Schutz« zu fördern. Da die Gemeinschaft somit nicht nur eine wirtschaftliche, sondern auch eine soziale Zielrichtung hat, müssen die sich aus den Bestimmungen des Vertrags über den freien Waren-, Personen-, Dienstleistungs- und Kapitalverkehr ergebenden Rechte gegen die mit der Sozialpolitik verfolgten Ziele abgewogen werden, zu denen, wie aus Art. 136 Abs. 1 EG hervorgeht, insbesondere die Verbesserung der Lebens- und Arbeitsbedingungen [...] ein angemessener sozialer Schutz und der soziale Dialog zählen. "

---

19 Hatje, Wirtschaftsverfassung im Binnenmarkt, in: v. Bogdandy/Bast (Hrsg.), Europäisches Verfassungsrecht – Theoretische und dogmatische Grundzüge, 2. Aufl. 2009 , S. 801, 811; Pernice/ Hindelang, Potenziale europäischer Politik nach Lissabon – Europapolitische Perspektiven für Deutschland, seine Institutionen, seine Wirtschaft und seine Bürger, EuZW 2010, S. 407, 411; Semmelmann, The European Union's Economic Constitution under the Lisbon Treaty: Soul-Searching Shifts the Focus to Procedure, ELRev. 35 (2010), S. 516, 521 f.; ebenso, allerdings in Ansehung des bereits im Entwurf des Vertrags über eine Verfassung für Europa niedergelegten Leitbildes der wettbewerbsfähigen sozialen Marktwirtschaft, vgl. Schwarze, Das wirtschaftsverfassungsrechtliche Konzept des Verfassungsentwurfs des Europäischen Konvents – zugleich eine Untersuchung der Grundprobleme des europäischen Wirtschaftsrechts, EuZW 2004, S. 135, 136.
20 EuGH, Rs. C-438/05, Viking Line, Slg. 2007, I-10779, Rn. 43 f.; EuGH, Rs. C-341/05, Laval, Slg. 2007, I-11767 Rn. 90 f.
21 EuGH, Rs. C-438/05, Viking Line, Slg. 2007, I-10779 Rn. 78 f.; EuGH, Rs. C-341/05, Laval, Slg. 2007, I-11767 Rn. 104 f.

Diese Rechtsprechung hat zu vielfacher Kritik geführt,[22] spiegelt aber im Ergebnis lediglich das Wertgefüge der zwischenzeitlich durch den Vertrag von Lissabon explizit hervorgehobenen gemeinwohlorientieren politischen Union wider. Unternehmerisches Handelns muss sich – wie zuvor erwähnt – in das Gesamtgefüge der europäischen Werteordnung einfügen und kann trotz der primär wirtschaftlichen Ausrichtung der Europäischen Gemeinschaften in den Anfangsjahren keine Sonderstellung beanspruchen. Allerdings – und hierauf kommt es im Ergebnis in einer gemeinwohlorientierten Gesellschaft an – kann unternehmerisches Handeln auch nicht hinter den allgemein-anerkannten sozialen und gesellschaftlichen Interessen zurücktreten, sondern muss vielmehr im Wege einer praktischen Konkordanz ins Gleichgewicht gesetzt werden. Hier knüpft die Kritik an dem Paradigmenwechsel an: während insbesondere die Absicherung sozialer Rechte in der Europäischen Union in den letzten Jahren einen Schwerpunkt der Aktivitäten der Unionsorgane darstellte, stagniert die Diskussion über einen angemessenen (Grund-)Rechtsschutz für Unternehmen, und es treten immer wieder Defizite bei der rechtlichen Absicherung von Unternehmen im Wirtschafts- und besondere Wettbewerbsrecht der Europäischen Union auf. Das soll anhand der nachfolgenden Beispiele verdeutlicht werden.

III. Ausgewählte Problembereiche bei der rechtlichen Absicherung von Unternehmen im Wirtschafts- und Wettbewerbsrecht

Auch wenn der hier vorgegebene Rahmen eine Auseinandersetzung mit einer Vielzahl von Beispielen für die defizitäre rechtliche Absicherung von Unternehmen im europäischen Wirtschafts- und Wettbewerbsrecht nicht ermöglicht, sollen doch zwei Beispiele hervorgehoben werden, die in ihrer Tragweite immense wirtschaftliche Sprengkraft für die betroffenen Unternehmen mit sich bringen. Es geht hierbei um die mangelnde gerichtliche Kontrolle von Ermessensspielräumen der Verwaltung, insbesondere bei wirtschaftlich komplexen Sachverhalten (siehe 1.), und den defizitären Grundrechtsschutz von Unternehmen im europäischen Kartellverfahren (siehe 2.)

---

22 Vgl. insb. *Joerges/Rödl*, Das soziale Defizit des Europäischen Integrationsprojekts, KJ 2008, S. 149 ff.; *Fisahn*, Europäische Union in der Legitimationskrise, KJ 2009, S. 104, 111 f.; *Kocher*, Kollektivverhandlungen und Tarifautonomie – welche Rolle spielt das europäische Recht? AuR 2008, S. 13 ff.; *Joussen*, Schritte zum europäischen Streikrecht – die Entscheidung Laval, ZESAR 2008, S. 333 ff.; *Azoulai*, The Court of Justice and the Social Market Economy: the Emergence of an Ideal and the Conditions for its Realisation, CMLRev. 2008, S. 1335 ff.; *Mair*, Arbeitskampf contra Grundfreiheiten, wbl 2007, S. 405 ff

1. Mangelnder gerichtlicher Rechtsschutz bei der Ausübung von Ermessens, insbesondere bei wirtschaftlich komplexen Sachverhalten

In einer zunehmend globalisierten und vernetzten Welt werden die Sachverhalte, die im Rahmen rechtlicher Auseinandersetzungen durch die Gerichte zu beurteilen sind, immer komplexer. Das betrifft vor allem das Wirtschaftsrecht. Während damit die Notwendigkeit für eine vertiefte Prüfung durch sowie eine mit den Einzelheiten des zu beurteilenden Sachverhalts vertraute, kompetente Gerichtsbarkeit immer dringender wird, ist insbesondere die Kontrollintensität der europäischen Gerichte im Bereich des Wirtschafts- und Wettbewerbsrechts als defizitär zu bezeichnen:[23] das abstrakte Gewicht der verfolgten Belange steht im Vordergrund;[24] die Betrachtung ist zielbezogen[25] und beherrscht von der Gestaltungsfreiheit und den Ermessensspielräumen der handelnden Organe,[26] die nur einer Evidenzkontrolle unterliegen.[27] Eine solche Herangehensweise kann etwa bei Fusionskontrollverfahren zu Ergebnissen führen, die für Unternehmen mit enormen wirtschaftlichen Folgeschäden verbunden ist, sofern die Europäische Kommission als Entscheidungsorgan im Rahmen ihres Ermessens zu einer Fehleinschätzung kommt. Die gerichtliche Überprüfung einer Untersagungsentscheidung der Europäischen Kommission oder einer unter Abwendung einer Untersagungsentscheidung ergangenen Freigabe unter weitgehenden Zusagen des betroffenen Unternehmens kann in der Praxis vielfach nur zu einer *ex-post*-Korrektur im Rahmen eines Amtshaftungsanspruchs führen.[28] Eine realistische Durchführung des ursprünglich geplanten Zusammenschlusses nach einer ergangenen Untersagungsentscheidung oder einer Freigabe unter Auflagen kommt vielfach aus Sachgründen nicht mehr in Betracht.

---

23 So auch: *Frenz/Ehlenz*, Defizitäre gerichtliche Wettbewerbskontrolle durch More-Economic-Approach und Vermutungen? EuR 2010, S. 490 ff.; *Nettesheim*, Grundrechtliche Prüfdichte durch den EuGH, EuZW 1995, S. 106 ff.; *Kokott*, Der Grundrechtsschutz im Europäischen Gemeinschaftsrecht, AöR 212 (1996), S. 599 ff.
24 *von Danwitz*, in: Tettinger/Stern (Hrsg.), Kölner Gemeinschaftskommentar Europäische Grundrechte-Charta, 2006, Art. 52, Rn. 20 m.w.N.
25 Siehe etwa: EuGH, Rs. 280/93, Deutschland/Rat, Slg. 1994, I-4973 Rn. 90; EuGH, Rs. C-44/94, Fishermen's Organisation, Slg. 1995, I-3115 Rn. 57.
26 EuGH, Rs. 113/88, Leukhardt, Slg. 1989, 1991 Rn. 20.
27 *Frenz/Ehlenz*, Defizitäre gerichtliche Wettbewerbskontrolle durch More-Economic-Approach und Vermutungen? EuR 2010, S. 490; *Bühler*, Einschränkungen von Grundrechten nach der Europäischen Grundrechtecharta, 2005, S. 36 ff.; *Eisner*, Die Schrankenregelung der Grundrechtecharta der Europäischen Union, 2005, S. 60 ff.; *Schildknecht*, Grundrechtsschranken in der Europäischen Gemeinschaft, 2000.
28 Zu Amtshaftungsansprüchen in der Fusionskontrolle: *Seitz*, Ökonomische Analyse und Risikoverteilung Konkretisierung der Voraussetzungen von Schadenersatzansprüchen bei rechtswidriger Zusammenschlussuntersagung, EuZW 2008, S. 719 ff.; *dies.*, Schadenersatzanspruch eines Unternehmens wegen der rechtswidrigen Untersagung eines Zusammenschlusses durch die Europäische Kommission, EuZW 2007, S. 659 ff.

In einem Aufsatz aus dem Jahre 1978 konstatierte *Karlheinz Moosecker*, dass Prognosen über die kartellrechtlichen Aussichten einer Fusion häufig Hochseilakte ohne Netz seien.[29] Während diese Grundaussage sicherlich auch heute noch Bestand hat, wird insbesondere auch von der Europäischen Kommission versucht, diesen Unwägbarkeiten durch Sicherheitsnetze in Form von ökonomischen Analysen und Modellen Herr zu werden. Die Bedeutung wirtschaftswissenschaftlicher Bewertungsmaßstäbe und Modelle hat in den letzten Jahren im Rahmen von Fusionskontrollverfahren immer mehr zugenommen.[30] Die Kehrseite dieser an sich begrüßenswerten Entwicklung ist, dass ökonomische Analysen und Modelle inhaltlich nur schwer rechtlich nachprüfbar sind. So wird auch von den europäischen Gerichten erkannt, dass ökonomische Modelle durch Vereinfachungen, Annahmen und hypothetische Entwicklungen gekennzeichnet sind, die zwangsläufig eine gewisse Unsicherheit beinhalten.[31] Das haben die europäischen Gerichte in ihrer Rechtsprechung weitestgehend zugunsten eines weiten Beurteilungsspielraums der Europäischen Kommission berücksichtigt. So betonte das EuG in der Rechtssache „*GlaxoSmithKline Services*" unter Hinweis auf frühere Entscheidungen den Beurteilungsspielraum der Europäischen Kommission bei komplexen wirtschaftlichen Sachverhalten.[32] Der EuGH hat in seiner Rechtsmittelentscheidung diese Sichtweise bekräftigt und betont:[33]

> „*Erstens steht es dem Gericht nicht zu, die wirtschaftliche Beurteilung des Urhebers der Entscheidung, deren Rechtmäßigkeit es zu kontrollieren hat, durch seine eigene Beurteilung zu ersetzen. Wie in Randnr. 85 des vorliegenden Urteils ausgeführt worden ist, üben die Gemeinschaftsgerichte eine beschränkte Kontrolle der Würdigung komplexer wirtschaftlicher Gegebenheiten durch die Kommission aus, die sich auf die Prüfung beschränkt, ob die Vorschriften über das Verfahren und die Begründung eingehalten wurden, ob der Sachverhalt zutreffend festgestellt wurde und ob kein offensichtlicher Beurteilungsfehler oder Ermessensmissbrauch vorliegt.*"

Von den Gerichten wird indes trotz der eingeschränkten Kontrolldichte gefordert, sowohl die sachliche Richtigkeit der vorgebrachten Beweise als auch ihre Zuverlässigkeit und ihre Kohärenz zu prüfen.[34] Ferner müssen sie kontrollieren, dass alle relevanten Daten herangezogen wurden und dass diese Daten die aus ihnen gezo-

---

29 *Moosecker*, Fusionskontrolle und Rechtssicherheit, GRUR 1978, S. 517.
30 *Koenig*, Herstellung von Wettbewerb als Verwaltungsaufgabe, DVBl. 2009, 1082, 1086; *Frenz/Ehlenz*, Defizitäre gerichtliche Wettbewerbskontrolle durch More-Economic-Approach und Vermutungen? EuR 2010, S. 490, 491.
31 EuG , Rs. T-212/03, MyTravel Group/Kommission, Slg. 2008, II- 2027 Rn. 81.
32 EuG, Rs. T-168/01, GlaxoSmithKline Services, Slg. 2006, II-2969 Rn. 241 f.
33 EuGH, verb. Rsen. C-501/06 P, C-513/06 P, C-515/06 P und C-519/06 P, GlaxoSmithKline Services, Slg. 2009, I-09291 Rn. 163.
34 EuG, Rs. T-210/01, General Electric, Slg. 2005, II-5575 Rn. 63

genen Schlüsse zu stützen vermögen.[35] Wenn die Kommission also eine ernsthafte Überprüfung der vom betroffenen Unternehmen vorgelegten Beweise unterlässt, nimmt die Judikative an, dass eine Würdigung komplexer wirtschaftlicher Gegebenheiten nicht ausreichend stattgefunden hat.[36] Auch die Frage, ob die für den Fall relevanten wirtschaftlichen Daten die gezogenen Rückschlüsse stützen können und hinreichend berücksichtigt wurden, kann einer gerichtlichen Prüfung unterzogen werden.[37] Es muss aufgrund der zur Verfügung stehenden Informationen aber lediglich hinreichend wahrscheinlich sein, dass durch die in Frage stehende Verhaltensweise des Unternehmens objektive Vorteile erzielt werden oder ausbleiben, was die Kommission zu berücksichtigen hat.[38] Im Ergebnis wird damit das Werkzeug der Europäischen Kommission auf seine Rechtmäßigkeit überprüft, wie auch dessen Anwendung.[39]

Trotz dieser zugegebenermaßen verbesserten Kontrolldichte, die sich nach den oben dargestellten Grundsätzen eben nicht nur auf eine reine Evidenzkontrolle beschränken darf, muss man den Rechtsschutz in Fusionskontrollverfahren dennoch als defizitär bezeichnen. Der Ausgang eines fusionskontrollrechtlichen Verfahrens hängt – insbesondere bei komplexen Zusammenschlussvorhaben mit Phase-II-Prüfungen – regelmäßig von der Prognose über die wettbewerblichen Bedingungen auf dem in Rede stehenden Markt ab. Trotz der verstärkten Ökonomisierung der europäischen Fusionskontrolle, lassen sich konkrete Aussagen hierüber aber kaum treffen; vielmehr basieren die Einschätzungen auf ökonomischen Modellen, die – wie sogar von den europäischen Gerichten anerkannt – zwangsläufig mit Unsicherheiten behaftet sind. Wer entscheidet aber letztlich, welche ökonomischen Modelle im Rahmen einer Fusionskontrollverfahrens zugrunde gelegt werden sollten? Und wie erfolgt eine Objektivierung im Falle widerstreitender ökonomischer Analysen? Nicht selten kommen die von der Europäischen Kommission herangezogenen ökonomischen Modelle zu anderen Ergebnissen als die von den Verfahrensbeteiligten vorgelegten Studien und Analysen. Zieht die Europäische Kommission in diesem Falle die von ihr zugrunde gelegten ökonomischen Modelle heran und vermögen diese Modelle das Ergebnis der Schlussfolgerungen der Europäischen Kommission zu stützen, so liegt nach Maßgabe der oben aufgezeigten

35 EuG, Rs. T-168/01, GlaxoSmithKline Services, Slg. 2006, II-2969 Rn. 242
36 In diesem Sinne auch: *Frenz/Ehlenz*, Defizitäre gerichtliche Wettbewerbskontrolle durch More-Economic-Approach und Vermutungen? EuR 2010, S. 490, 495.
37 EuG, Rs. T-210/01, General Electric, Slg. 2005, II- 5575, Rn. 63; hierauf verweisend EuG, Rs. T-168/01, GlaxoSmithKline Services, Slg. 2006, II- 2969, Rn. 242.
38 EuGH, verb. Rsen. C-501/06 P, C-513/06 P, C-515/06 P und C-519/06 P, GlaxoSmithKline Services, Slg. 2009, I-09291 Rn. 94; vgl. auch hierzu *WeitbrechtMühle*, Europäisches Kartellrecht 2009, EuZW 2010, S. 327, 330; *Frenz/Ehlenz*, Defizitäre gerichtliche Wettbewerbskontrolle durch More-Economic-Approach und Ver-mutungen? EuR 2010, S. 490, 496.
39 *Frenz/Ehlenz*, Defizitäre gerichtliche Wettbewerbskontrolle durch More-Economic-Approach und Ver-mutungen? EuR 2010, S. 490, 496.

Grundsätze kein justiziabler Verstoß vor, selbst wenn die von den Verfahrensbeteiligten vorgelegten ökonomischen Studien zu abweichenden Ergebnissen führen. Letztlich fehlt es hier an einer objektiven Prüfinstanz, welche im Falle widerstreitender ökonomischen Analysen eine für beide Seiten verbindliche Prüfung vornehmen kann. Angesichts des ökonomischen Schwerpunkts derartiger Auseinandersetzungen, ist eine juristische Überprüfung hier sicherlich nicht geeignet, die erforderliche Objektivität herzustellen. Aber die gerichtliche Bestellung eines neutralen, ökonomischen Sachverständigens könnte dem hier aufgezeigten Dilemma Abhilfe verschaffen. Dies bedürfte sicherlich einer Reform des europäischen Fusionskontrollverfahrens, zu deren Möglichkeiten und Grenzen im Rahmen dieses Beitrags nicht umfassend Stellung genommen werden kann. Die Akzeptanz für die Ergebnisse eines Fusionskontrollverfahrens, welches bislang ausschließlich in Händen der Europäischen Kommission liegt und nur bedingt gerichtlich überprüft werden kann, würde durch eine derartige Objektvierung der ökonomischen Grundlagen sicherlich erhöht.

2. Defizitärer Grundrechtsschutz von Unternehmen im europäischen Kartellverfahrensrecht

Die Kritik an der mangelnden Rechtsstaatlichkeit des europäischen Kartellverfahrens wächst – und es sind nicht nur Interessenvertreter von Unternehmen, die inzwischen die teils massiven Grundrechtsverletzungen auf diesem Gebiet rügen. Das europäische Kartellverfahren ist für die Beurteilung des Grundrechtsniveaus von Unternehmen aus zweierlei Hinsicht von besonderem Interesse: zum einen ist es einer der wenigen Anwendungsfälle des direkten Verwaltungsvollzugs im europäischen Recht und ist insofern besonders geeignet, die Einhaltung von Verfahrensgrundsätzen zu illustrieren. Zum anderen ist das europäische Kartellverfahren aufgrund der inzwischen erreichten Bußgeldhöhen sowohl für Unternehmen als auch für die Europäische Kommission von enormer monetärer Bedeutung. Während die Unternehmen mit existenzbedrohenden Bußgeldern zu kämpfen haben und entsprechend alle Rechte in Anspruch nehmen wollen, die ihnen eine angemessene Verteidigung ermöglicht, sieht die Europäische Kommission die Effektivität der europäischen Kartellbekämpfung, deren zentrales Element die Abschreckung mittels drakonischer Geldbußen ist, durch eine zu rigide Anwendung von Grundrechten offensichtlich als gefährdet an. Im Ergebnis kann man sicherlich die Interessenlage beider Seiten nachvollziehen – aber genau für solche Situationen sollte das Recht als Institution des normierten Interessenausgleichs klare Maßstäbe setzen, die infolge eines demokratisch legitimierten Diskurses und einer Interessenabwägung entstanden sind. Gerade hieran fehlt es aber im europäischen Kartellverfahren. Nachfolgend sollen nur einzelne Beispiele genannt werden, aus denen sich diese Defizite klar erkennen lassen.

So verkennt insbesondere die Rechtsprechung der europäischen Gerichte den Gehalt des Gesetzlichkeitsprinzips („*nulla poena sine lege*"), weil sie der Kommission auf Rechtsfolgenebene ein unbegrenztes Sanktionsermessen einräumt. Dies beginnt schon bei der Auslegung der zentralen Sanktionsermächtigung in Art. 23 VO (EG) 1/2003. Nach Art. 23 VO (EG) 1/2003 kann für jede Art der Verletzung der Wettbewerbsregeln des AEUV eine Buße von bis zu 10 % des Umsatzes des Unternehmens verhängt werden. Der EuGH ist hierzu der Auffassung, dass diese 10 %-Grenze nicht die gesetzgeberische Anordnung der Höchststrafe für den denkbar schwersten Fall einer Zuwiderhandlung darstellt. Vielmehr soll die 10 %-Grenze lediglich einen Schutz vor wirtschaftlicher Überforderung implementieren, ohne eine Aussage über das als angemessen zu verstehende Strafmaß zu enthalten. Daher lässt der Gerichtshof es zu, dass die EU-Kommission im Rahmen der Berechnung des Bußgelds mit vorläufigen Endbeträgen arbeitet, die über der 10 %-Grenze liegen, sofern die Buße im Ergebnis auf einen Wert innerhalb des 10 %-Rahmens reduziert wird.[40] Der Spielraum der Kommission ist bei einer solchen Auslegung der Sanktionsnorm als bloße Kappungsgrenze praktisch unbegrenzt. Art. 23 VO 1/2003 ist bei dieser Auslegung eine partielle Blankettrechtsfolge, die nach der jeweils aktuellen wettbewerbspolitischen Einschätzung der Kommission ausgefüllt wird, wie das Gericht ausdrücklich betont: [41] „*Nach ständiger Rechtsprechung verleiht diese Vorschrift der Kommission bei der Festsetzung der Geldbußen ein weites Ermessen ..., dessen Ausübung insbesondere von ihrer allgemeinen Politik im Bereich des Wettbewerbs abhängt ...*". Das OLG Düsseldorf hat in seinem Urteil im Fall *Zementkartell* im Jahre 2009 in einem *obiter dictum* daher auch Zweifel angemeldet, ob das weite Sanktionsermessen, über das die EU-Kommission unter Billigung des Gerichtshofs im soeben beschriebenen Sinne verfügt, mit dem in Art. 103 Abs. 2 GG normierten *nulla poena*-Grundsatz vereinbar sei, und hat dies indirekt verneint.[42] Das OLG Düsseldorf hält eine Aus-

---

40 EuGH, Rs. C-189/02 P, Dansk Rørindustri, Slg. 2005, I-5425 Rn. 278: „*Wie das Gericht zutreffend festgestellt hat, verbietet Artikel 15 Absatz 2 der Verordnung Nr. 17 der Kommission somit nicht, bei ihrer Berechnung einen Zwischenbetrag heranzuziehen, der diese Grenze übersteigt. Ebenso wenig untersagt er, Zwischenberechnungen, mit denen Schwere und Dauer der Zuwiderhandlung Rechnung getragen wird, an einem über der Obergrenze liegenden Betrag vorzunehmen.*"; EuGH, Rs. C-308/04 P, SGL Carbon, Slg. 2006, I-5977 Rn. 82.
41 EuG, Rs. T-241/01, SAS, Slg. 2005, II-2917 Rn. 64.
42 OLG Düsseldorf, Urt. v. 26. Juni 2009 – VI-2a Kart 2 – 6/08 OWi (*Zementkartell*), Rn. 643; BB 2010, 514 (Kurzwiedergabe). Hierzu: *Barth/Budde*, Die „neue" Bußgeldobergrenze des OLG Düsseldorf, WRP 2010, S. 712 ff.

legung der 10%-Regelung im Sinne einer bloßen Kappungsgrenze zu Recht für mit dem verfassungsrechtlichen Bestimmtheitsgrundsatz unvereinbar. Das entspricht auch der nahezu einhelligen Meinung im Schrifttum[43].

Dass diese Auslegung des Art. 23 VO 1/2003 durch die europäischen Gerichte und die EU-Kommission auch den Bestimmtheitsgrundsatz missachte, weil sie auf der Prämisse beruht, dass es einer gesetzgeberischen Definition der schuldangemessenen Höchstsanktion gar nicht bedürfe,[44] haben betroffene Unternehmen mehrfach vergeblich vor den europäischen Gerichten geltend gemacht. Der EuGH hat diese Bedenken in seinem Urteil *Evonik Degussa* vom 22. Mai 2008 zurückgewiesen. Darin hat er die 10 %-Grenze für hinreichend bestimmt erklärt.[45] Er hat dies insbesondere damit begründet, dass die Bußgeldberechnung durch die Leitlinien der Kommission zur Bußgeldverhängung[46] und durch die mittlerweile ergangene Rechtsprechung zur Bußgeldbemessung ausreichend konkretisiert sei.[47] Diese Begründung verkennt jedoch in jeglicher Hinsicht den staatsorganisationsrechtlichen Gehalt des *nulla poena*-Grundsatzes, wonach es nach dem Prinzip der Gewaltenteilung einer Entscheidung des Gesetzgebers über den Strafrahmen bedarf;[48] zudem verweigert sie den Betroffenen damit auch eine gesetzliche Orientierung.[49] Der Verweis auf nicht verbindliche und jederzeit nach Belieben der Exe-

---

43 *Hassemer/Dallmeyer*, Gesetzliche Orientierung im deutschen Recht der Kartellgeldbußen und das Grundgesetz, 2010; *Achenbach*, Die Kappungsgrenze und die Folgen – Zweifelsfragen des § 81 Abs. 4 GWB, ZWeR 2009, 3 ff.; *Thiele*, Zur Verfassungswidrigkeit des § 81 IV GWB, WRP 2006, 999 ff.; *Buntscheck*, § 81 Abs. 4 GWB nF – die geänderte Obergrenze für Unternehmensgeldbußen, WuW 2008, 941 (949); *ders.,* Die gesetzliche Kappungsgrenze für Kartellgeldbußen, EuZW 2007, 423 ff.; *Wagner*, Die Übernahme der deutschen 10%-Regel für Geldbußen bei Kartellverstößen schafft einen verfasungsrechtlich fragwürdigen Fremdkörper im deutschen Recht, EWS 2006, 251 ff.; *Brettel/Thomas*, Unternehmensbußgeld, Bestimmtheitsgrundsatz und Schuldprinzip im novellierten deutschen Kartellrecht, ZWeR 2009, 25 ff.; *Klusmann*, in: Wiedemann, Handbuch des Kartellrechts, 2. Aufl., 2008, § 57 Rn. 78f.

44 Aus der reichhaltigen kritischen Literatur dazu nur *Schwarze/Bechtold/Bosch*, Rechtsstaatliche Defizite im Kartellrecht der Europäischen Gemeinschaft, 2008; *Möschel*, Geldbußen im europäischen Kartellrecht, DB 2010, 2377 ff.

45 EuGH, Rs. C-266/06P, Evonik Degussa, Slg. 2008, I-81 Rn. 10 ff.

46 Leitlinien für das Verfahren zur Festsetzung von Geldbußen gemäß Artikel 23 Absatz 2 Buchstabe a) der Verordnung (EG) Nr. 1/2003, ABl. 2006 Nr. C 210, S. 2.

47 EuGH, Rs. C-266/06P, Evonik Degussa, Slg. 2008, I-81 Rn. 36 ff., 46: „Denn wie sich aus Rn. 40 des vorliegenden Urteils ergibt, ist die Klarheit des Gesetzes sowohl anhand des Wortlauts der einschlägigen Bestimmung als auch anhand der Präzisierungen durch eine ständige und veröffentlichte Rechtsprechung zu beurteilen; genau darauf hat das Gericht in Rn. 72 des angefochtenen Urteils hingewiesen." Ferner EuG, Rs. T-30/05, Prym, Slg. 2007, II-107 Rn. 153 ff.; EuG, Rs. T-69/04, Schunk, Slg. 2008, II-2567 Rn. 27 ff.

48 Zu dieser Funktion im deutschen Recht: Roxin, Strafrecht: Bd. 1. Grundlagen. Der Aufbau der Verbrechenslehre, 4. Aufl. 2006, § 5 Rn. 20.; Eser/Hecker, in: Schönke/Schröder, Strafgesetzbuch, 28. Aufl. 2010, § 1 Rn. 16.

49 Zu dieser Funktion: *Brettel/Thomas*, Unternehmensbußgeld, Bestimmtheitsgrundsatz und Schuldprinzip im novellierten deutschen Kartellrecht, ZWeR 2009, S. 25 (40).

kutive abzuwandelnde Verwaltungsvorschriften kann keinesfalls den zu Recht hohen Anforderungen an eine gesetzgeberische Bestimmung des Sanktionsrahmens und der wesentlichen Zumessungsgesichtspunkte genügen.[50]

Die systematische Missachtung des Schuldprinzips kommt insbesondere durch die Überdehnung des kartellrechtlichen Unternehmensbegriffs zum Zwecke der Zurechnung von Kartellverstößen im Konzernverbund zum Ausdruck. In seinem Urteil in der Rechtssache „*Akzo/Akcros*" vom 10.09.2009 hat der EuGH etwa bekräftigt, dass die EU-Kommission ein Bußgeld nicht nur gegen das Unternehmen verhängen kann, das direkt eine kartellrechtliche Zuwiderhandlung begangen hat, sondern insbesondere auch gegen die Konzernmutter als Gesamtschuldnerin, sofern diese eine wirtschaftliche Einheit mit ihren Tochtergesellschaften bildet.[51] Dies ist unabhängig davon, ob der Muttergesellschaft eine persönliche Beteiligung an der Zuwiderhandlung nachgewiesen werden kann, sondern allein aufgrund der kapitalmäßigen Verflechtung und der Vermutung einer tatsächlichen Einflussnahme durch die Mutter- auf die Tochtergesellschaft.[52] Diese vom EuGH aufgestellten Grundsätze führen *de facto* zu einer verschuldensunabhängigen Erfolgshaftung, da etwa ein Entlastungsbeweis – etwa durch den Nachweis sorgfaltsgemäßer Auf-

---

50 In diesem Sinne auch: *Schwarze*, Rechtsstaatliche Grenzen der gesetzlichen und richterlichen Qualifikation von Verwaltungssanktionen im europäischen Gemeinschaftsrecht, EuZW 2003, S. 261 (267 f.).
51 EuGH, Urt. v. 10.9.2009, Rs. C-97/08P, Akzo Nobel, Slg. 2009, I-8237 = WuW/E EU-R 1639; EuGH, verb. Rsen. C-628/10P u. C-14/11P, Alliance One International, noch nich in der amtl. Slg, Rn. 42; EuGh, Rs. C-90/09P, General Química, Slg. 2011, I-0001, Rn. 34-36; EuGH, Rs. C-521/09P, Elf Aquitaine/Kommission, noch nicht in der amtlichen Sammlung veröffentlicht, Randnr. 53. In diese Richtung auch: EuGH, Rs. 48/69, ICI, Slg. 1972, 619 Rn. 132/135; EuGH, Rs. 107/82, AEG-Telefunken, Slg. 1983, 3151 Rn. 49 = WuW/E EWG/MUV 600; EuGH, verb. Rs. C-189/02P, C-202/02P, C-205-208/02P u. C-213/02P, Dansk Rørindustri u.a., Slg. 2005; I-5425 Rn. 117; EuG, Urt. v. 30.4.2009, Rs. T-12/03, Itochu, Slg. 2009, II-909 Rn. 47 = WuW/E EU-R 1562.
52 EuGH, Urt. v. 10.9.2009, Rs. C-97/08P, Slg. 2009, I-8237 Rn. 60 = WuW/E EU-R 1639 (1640). So auch: EuGH, Rs. C-521/09P, Elf Aquitaine/Kommission, noch nicht in der amtlichen Sammlung veröffentlicht, Randnr. 54.

sichtsführung mittels von Compliance-Programmen – regelmäßig nicht zu führen ist.[53] Der Widerspruch zu dem in allen Mitgliedstaten der EU anerkannten, gesellschaftsrechtlichen Trennungsprinzips steht, wonach jede selbstständige Gesellschaft eigenständiges Handlungs-, Vermögens- und Haftungssubjekt ist, wird hierbei im Interesse der Abschreckungswirkung – Erweiterung der 10%-Kappungsgrenze auf den Gesamtkonzernumsatz – in Kauf genommen.[54] Hierdurch maßen sich die europäischen Organe an, das volkswirtschaftliche Interesse an einer effektiven Kartellverfolgung höher zu bewerten als das volkswirtschaftlich wohl eher noch fundamentalere Interesse an einer sinnvollen Risikobegrenzung im Zusammenhang mit der Tätigkeit von Gesellschaften.[55] Überdies muss man beachten, dass Sanktionen gegenüber natürlichen Personen grundsätzlich auch höchstpersönlicher Natur sind, d.h. eine Sanktionierung nur in Betracht kommen kann, wenn der betreffenden Rechtsperson *selbst* ein Vorwurf zu machen ist. Hierin liegt der Kerngehalt des Schuldprinzips, der durch die dargestellte Praxis der Überdehnung des Unternehmensbegriffs mittels der Figur der wirtschaftlichen Einheit ausgehebelt wird.

Zuletzt sei auf die defizitären Rechtsschutzmöglichkeiten im europäischen Kartellverfahren hinzuweisen. Zwar sind die Entscheidungen der Kommission vor den Europäischen Gerichten mit der Nichtigkeitsklage nach Art. 263 AEUV anfechtbar. Schon hier genießt die Kommission aber einen strukturellen Vorteil. Es ist nicht ihre Aufgabe, das Gericht von der Richtigkeit ihrer Anklage zu überzeugen, vielmehr ist der „Täter" aufgerufen, vor dem Gericht die Unrichtigkeit seiner Bestrafung zu beweisen; er hat, wie *Jescheck* zu diesem grundlegenden Problem des Inquisitionsprozesses schon früh angemerkt hat, „bereits das ganze Gewicht der Verwaltungsvorentscheidung gegen sich".[56] Hinzu kommt zum einen, dass die ge-

---

53 *Voet van Vormizeele*, Die EG-kartellrechtliche Haftungszurechnung im Konzern im Widerstreit zu den nationalen Gesellschaftsrechtsordnungen, WuW 2010, S. 1008 (1012 ff.); Kritisch zu diesem Urteil auch: *Kling*, Die Haftung der Konzernmutter für Kartellverstöße ihrer Tochterunternehmen, WRP 2010, 506 ff.; *Thomas*, Die wirtschaftliche Einheit im EU-Kartellbußgeldrecht, KSzW Kölner Schrift zum Wirtschaftsrecht 2011, 10 ff.; *ders.*, Die Gesamtschuld im EU-Kartellbußgeldrecht – die Kommission als „juristischer Pascha"?, in: Festschrift für Möschel, 2011; S. 675 ff. Zur Möglichkeit der Widerlegung: *Dück/Eufinger*, Dezentrale Antitrust-Compliance und europäische Entscheidungspraxis zur kartellrechtlichen Haftungszurechnung im Konzern CCZ 2012, S. 131 ff. Im Hinblick auf die jüngere Rechtsprechung auch: Bosch, Haftung für kartellrechtswidriges Handeln der Tochtergesellschaft – Neue Rechtslage nach dem Urteil in den Rechtssache Elf/Aquitaine/Kommission? ZWeR 2012, S. 368 ff. A.A.: Kokott/Dittert, Die Verantwortung von Muttergesellschaften für Kartellvergehen ihrer Tochtergesellschaften im Lichte der Rechtsprechung der Unionsgerichte, WuW 2012, S. 670 ff.

54 *Voet van Vormizeele*, Die EG-kartellrechtliche Haftungszurechnung im Konzern im Widerstreit zu den nationalen Gesellschaftsrechtsordnungen, S. 1008 (1013).

55 Hierzu: *Hofstetter*, Sachgerechte Haftungsregeln für multinationale Konzerne: Zur zivilrechtlichen Verantwortlichkeit von Muttergesellschaften im Kontext internationaler Märkte, 1995, S. 77.

56 *Jescheck*, Das deutsche Wirtschaftsstrafrecht, JZ 1959, S. 457 (462).

richtliche Überprüfung auf die von den Betroffenen vorgebrachten Klagegründe beschränkt ist.[57] Zum anderen gilt, dass eine Prüfung des von der EU-Kommission in der Bußgeldentscheidung vorgetragenen Sachverhalts vor dem eigentlichen Tatsachengericht – dem EuG – nicht stattfindet.[58] Besonders kritisch ist dies, wenn die EU-Kommission ihren Vortrag im Wesentlichen auf die Aussagen eines Kronzeugen stützt, ohne dass dieser im Rahmen einer gerichtlichen Vernehmung ins Kreuzverhör genommen werden kann. Von einem effektiven Rechtsschutz kann bei dieser Gemengelage kaum die Rede sein.

IV. Fazit

Die Europäische Union hat sich in den letzten Jahrzehnten gewandelt von einer reinen Wirtschaftsgemeinschaft hin zu einer politischen Union mit gemeinsamen Werten, die trotz aller Krisen, die insbesondere in letzter Zeit heraufbeschworen werden, *„mehr als sechs Jahrzehnte zur Verbreitung von Frieden und Aussöhnung, Demokratie und Menschenrechten in Europa beigetrage*n" hat.[59] Unternehmen haben zu dieser Entwicklung sicherlich auch ihren Beitrag geleistet, indem sie durch wirtschaftlich Prosperität und Wachstum einen entscheidenden Beitrag für die Stabilität in Europa geleistet haben. In rechtlicher Hinsichtlich war es demnach nur konsequent, wenn die wirtschaftliche Entfaltungsfreiheit für Unternehmen einen wesentlichen Schwerpunkt der Kodifizierung und der Rechtsfortbildung in den Anfangsjahren der Gemeinschaften bildete; ebenso konsequent war es, dass sich die Union durch die Stärkung von Individualrechten und nicht-wirtschaftlichen Zielen von der reinen Ökonomie als Grundlage ihres Wirkens emanzipierte. Das richtige Ausbalancieren zwischen Interessenlagen gehört schon immer zu den nobelsten, aber auch schwierigsten, Aufgaben des Rechts. Mit der Schaffung der Charta der Grundrechte der EU ist ein wesentlicher Schritt bei der Formulierung der in der Union geltenden Werte getan worden. Die praktische Konkordanz zwischen den hier normierten Grundrechten muss im Rahmen der weiteren Rechtsfortbildung gefunden und austariert werden. Hierbei ist es wichtig, dass auch die Rechte von Unternehmen als wesentlicher Stabilitätsfaktor der Union hinreichend berücksichtigt werden. Anhand der oben aufgezeigten Beispiele wird deutlich, dass hier insbesondere im Wettbewerbsrecht noch großer Korrekturbedarf besteht. Ver-

---

57 *Hackspiel*, in: Rengeling/Middeke/Gellermann, Handbuch des Rechtsschutzes in der Europäischen Union, 2. Aufl., 2003, § 21 Rn. 4

58 *Schwarze/Bechtold/Bosch*, Rechtsstaatliche Defizite im Kartellrecht der Europäischen Gemeinschaft, 2008, S. 57 f.; *Soltész*, WuW 2012, S. 146 ff.

59 Pressemitteilung des Nobelpreiskomitees vom 12.10.2012 betreffend die Verleihung des Friedensnobelpreises an die EU, vgl. http://www.nobelprize.org/nobel_prizes/peace/laureates/2012/press.html.

traut man indes der Entwicklung der letzten 60 Jahre, so bleibt zu hoffen, dass auch diese Fehlentwicklungen durch eine ausgewogene Rechtsfortbildung zugunsten höherer Rechtssicherheit für die Unternehmen in der Europäischen Union korrigiert werden.

Bertold Bär-Bouyssière

David versus Goliath – Vom Nutzen des Kartellrechts zur Erzwingung von Innovation

Im Bereich moderner Technologie folgt Neuheit auf Neuheit so rasant, als würde sie Peter Schlemihl höchstpersönlich in Siebenmeilenstiefelen zu Markte tragen. Der seinerseits für Innovation bekannte französische Taschenbuchverlag 10/18 hat vor kurzem eine neue Buchreihe aufgelegt: "Die Welt von heute, erklärt für die Alten" (*"Le monde expliqué aux vieux"*). Dort kann man sich Lady Gaga erklären lassen, aber auch Facebook. In der Tat, unsere Lebenswelt hat sich in den letzten 20 Jahren schneller und tiefer verwandelt als je zuvor in der Geschichte der Menschheit. Wer kann sich heute noch vorstellen, ohne Handy-Support eine Bekannte am Flughafen abzuholen. Einkaufende Ehemänner vermeiden Streit, wenn sie sich im Supermarkt kurz der Gemüsemarke rückversichern, die nach Hause zu bringen sie beauftragt sind. Selbst längere Wagneropern lassen sich ertragen, wenn man im Schutze der Dunkelheit diskret seine Emails auf dem Blackberry lesen oder gar mit dem Smartphone auf dem Internet nach den jüngsten Fußballergebnissen surfen kann. Aber der technische Fortschritt hat natürlich auch ganz ernste Seiten. Die vom Hedgefonds entwickelte Trading-Software bewahrt die Finanzwelt vor dem Zusammenbruch wie der Autopilot das Flugzeug vor dem Crash, der unter der Haut eingepflanzte Mikrochip warnt den Hausarzt vor dem nahenden Herzinfarkt, die unbemannte Drohne erlaubt die gezielte Eliminierung von Volksfeinden ohne Kollateralschaden, und überhaupt fördert die Entwicklung neuartiger Anwendungen im digitalen Bereich ganz allgemein das Gedeihen der Volkswirtschaft, zu unser aller Bestem.

Innovation – die neueste "Heilige Kuh"?

"Innovation" ist in der Tat ein allumfassendes, dynamisches Phänomen. Und mehr: Innovation ist zu einem politischen Ziel avanciert, das es zu schützen gilt vor Missbrauch, Raub und schnödem Eigennutz. Was wäre auch schlimmer als eigennütziges Denken, das die Vermarktung fortschrittlicher wohlfahrtsvermehrender Produkte verhindern oder auch nur verzögern würde; was wäre schlimmer als verräterisches Handeln, das dem Fortschritt einen elenden Hemmschuh anzupassen versuchte. Die Geschichte politischer Ideologien ist voll von apokalyptisch-chiliastischen Szenarien, in denen sich Gut und Böse klar unterschieden im Endkampf gegenüberstehen. Dass es gestern in den Revolutionskriegen plötzlich an Salpeter fehlte, konnte nur an reaktionärer Sabotage liegen, und Schwupp ward der Guillotine die Lösung des Problems anvertraut. Dass es heute der Umwelt schlecht geht, kann nur an den Schornsteinen der eigennützigen Industriekapitäne und an der Atomlobby liegen. Wehe also dem, der sich morgen dem glückbringenden, allesverheißenden Fortschritt in den Weg zu stellen wagt. Mögen die Götter ihn strafen, und warum eigentlich nicht auch die Europäische Kommission?

Innovation ist mittlerweile das wichtigste politische Zugpferd, mit dem die Europäische Kommission den Karren der ins Stocken geratenen europäischen Wirtschaft aus dem Schlamm ziehen will. Zu diesem Zweck hat die Kommission sogar eine "Innovationsunion" gegründet.[1] Im Originalton heißt es dazu:

> *"Im weiteren Sinne bedeutet Innovation neues Denken mit Mehrwert und die Fähigkeit, die Zukunft nach unseren Wünschen zu gestalten. So schafft Innovation neue Wachstumsmöglichkeiten. Im Zuge der allmählichen Erholung von der Finanzkrise müssen weltweite Herausforderungen bewältigt werden, wozu Innovation mehr denn je beitragen kann. Die mit Klimawandel, Energie- und Ernährungssicherheit, Gesundheit und Bevölkerungsalterung verbundenen Herausforderungen erfordern innovative, neue Lösungen. Europa blickt auf fast zwanzig Jahre Innovationspolitik auf EU-Ebene zurück und kann bemerkenswerte Ergebnisse sowie eine kontinuierliche Verbesserung der Innovationsleistung vorweisen. Doch die Welt ändert sich rasch, genau wie die Innovation selbst: Vor diesem Hintergrund hat die Kommission als Teil der Strategie Europa 2020 einen Vorschlag für eine 'Innovationsunion' vorgelegt."*

Die Einzelziele sind breit gefächert, und viele davon eher "*soft*", doch eins sticht besonders hervor: "**Guten Ideen auf den Markt verhelfen**: Verbesserung des Zugangs zu Finanzmitteln für innovative Unternehmen, Schaffung eines Innovationsbinnenmarktes, Förderung der Öffnung und Kapitalisierung des kreativen Potenzials Europas."[2] Die Agenda "Europa 2020" hat durchaus zu Recht erkannt, dass Europa im globalen Wettbewerb hinterher hinkt. Genauso zu recht hat sie erkannt, dass der europäischen Industrie nur ein kurzer Zeitraum verbleibt, um sich im globalen Wettbewerb zu behaupten. Das Jahr 2020 – es ist gar nicht so lange hin – ist

---

1 "*With an ageing population and strong competitive pressures from globalisation, Europe' s future economic growth and jobs will increasingly have to come from innovation in products, services and business models. This is why innovation has been placed at the heart of the* **Europe 2020 strategy** *for growth and jobs. With over thirty action points, the Innovation Union aims to improve conditions and access to finance for research and innovation in Europe, to ensure that innovative ideas can be turned into products and services that create growth and jobs.*" http://ec.europa.eu/research/innovation-union/index_en.cfm.

2 http://ec.europa.eu/commission_2010-2014/tajani/hot-topics/innovation-union/index_de.htm.

das magische Zieldatum. Wenn es bis dahin nicht geschafft ist, können wir alle nach Hause gehen. Oder nach China. Ebenso richtig hat die Kommission erkannt, dass Innovation das ist, womit Europa wuchern kann. Billige Arbeitskräfte gibt es auch anderswo. Aber die Jahrhunderte alte Tradition der Forschung und Entwicklung ist das, wofür Europa nun einmal steht. In unserer Kreativität liegt – so die Kommission – die Zukunft. Nur sie kann uns retten. Es ist also nicht verwunderlich, dass Innovation bei der Formulierung von politischen Zielvorgaben der Kommission eine zentrale Rolle spielt, und das in allen Politikbereichen. Man kann sich fast fragen, ob "Innovation" im Ringen nach wirtschaftlicher Dynamik quasi-metaphysische Qualität erlangt hat und zu einer Art neuer "Heiligen Kuh" avanciert ist.

Innovation und Kartellrecht

Wenn aus Sicht der Kommission nur Innovation die europäische Wirtschaft retten kann, muss sie dann nicht jemand schützen? Und wer käme dafür besser in Betracht als die Europäische Kommission selbst? Und wer innerhalb der Europäischen Kommission kann dies am besten? Kein geringerer als die mit weitreichenden Befugnissen ausgestattete Generaldirektion Wettbewerb. Innovation mit Mitteln der Kartellrechtsdurchsetzung fördern, ist das nicht ein kartellrechtsfremder Zweck? "Jain", würde Robert Lembke im Heiteren Beruferaten geantwortet haben. Es wäre aber nicht das erste Mal, dass kartellrechtsfremde Erwägungen Eingang in die Wettbewerbspolitik finden. Ende der neunziger Jahre war die Kommission so frustriert über den mangelnden Willen der Mitgliedstaaten, ihre Steuersysteme zu harmonisieren, dass sie kurzerhand Leitlinien zur beihilferechtlichen Bewertung von Steuervorteilen erließ. In den Jahren, als noch der Umweltschutz Heiligkeits-Status genoss, wurde über die Berücksichtigung von umweltrelevanten Faktoren im Kontext des Artikels 101 Absatz 3 AEUV diskutiert. Im Bereich der Fusionskontrolle erlaubt Artikel 2 Absatz 2 b) ganz unverhohlen die Berücksichtigung der Auswirkungen eines Zusammenschlusses auf den "*technischen und wirtschaftlichen Fortschritt*". Doch ist in jüngerer Zeit das Innovations-Thema auch im Kernbereich der europäischen Kartellrechtsdurchsetzung präsent, was nicht erstaunt angesichts des Umstands, dass ein großer Teil der anhängigen Verfahren Unternehmen aus den Technologiesektoren betrifft. Ein Blick auf sechs Reden von prominenten Vertretern der GD Wettbewerb zeigt, dass die Innovationsförderung wettbewerbspolitisch mittlerweile höchste Priorität genießt. Die Kehrseite der Medaille ist die Vorstellung, dass es Fortschritt und Innovation vor Missbrauch zu schützen gilt, was allein die Kommission vermag, umso mehr als die Geistigen Eigentumsrechtssysteme der Mitgliedstaaten hierzu angeblich nicht in der Lage sind:

- "A **healthy system** for the protection of intellectual property creates incentives for researchers and inventors granting them exclusive rights – within certain limits – for the commercial exploitation of their findings. But the system **can be abused**, which is particularly harmful for the economy. This is why we want to prevent the trend we can observe in certain industries toward the **strategic use of patents** as a means to block competition."[3]
- "I feel a particular responsibility handling cases in these [technology] sectors, because they will be the engines of Europe's future recovery – hopefully in the near future. In particular, these markets **must remain open to newcomers and start-ups**, which bring new ideas and new products to the market. In other words, a **firm and fair competition enforcement** is the best guarantee to preserve the potential of the knowledge economy to boost innovation and growth."[4]
- "High-tech markets are often characterised by a fast pace of development and innovation, but ... does this mean that market power, or dominance, is eroded more quickly than in other sectors? Does this mean we should apply competition rules less strictly? Or **should we be even more wary of dominance in these sectors?**"[5]
- "When addressing the role of competition policy in supporting innovation, one must deal with the seeming conflict between competition and the protection of intellectual property rights. In fact there is no such conflict. IPR policy and antitrust are complementary. Antitrust enforcement does not question the use of IPR but **it must fight the abuse of IPR.**"[6]
- "The promotion of innovation is a key objective of the European growth agenda. Antitrust control in very innovative markets is sometimes criticised for disrupting fast-changing and unpredictable processes. But even in very innovative markets, dominant players can adopt conducts that put a break on competition on the merits. ... **Speed is of the essence** in the resolution of cases in fast moving markets. Normal antitrust procedures may take years. In fast-changing industries, there are cases in which **commitment solutions** are worth exploring provided, of course, that the companies concerned are ready to seriously address and solve the problems at stake."[7]
- "An obligation to supply - even against fair remuneration - may undermine undertakings' incentives to invest and innovate. There is also the real risk of free riding by competitors on investments made by the dominant undertaking.

3 *Joaquín Almunia*, Antitrust Enforcement: Challenges old and new (St. Gallen, 8. Juni 2012).
4 *Joaquín Almunia*, Higher Duty for Competition Enforcers (Madrid, 15. Juni 2012).
5 *Alexander Italianer*, Innovation and competition policy in the IT sector: the European perspective (Peking, 26. Juni 2012).
6 *Joaquín Almunia*, Competition Policy in times of Restructuring (London, 22. Juni 2012).
7 *Joaquín Almunia*, Competition Policy in times of Restructuring (London, 22. Juni 2012).

Neither of these consequences would, in the long run, be in the interest of consumers. At the same time, there is always a balance to be drawn. An obligation to supply may be justified in exceptional circumstances, as the Microsoft case showed. We may also have to look at the terms and conditions of supply. That a company may have previously given a FRAND commitment in the context of a standardisation process may also be relevant. Sometimes, intervention may prove necessary."[8]

Ein konkretes Beispiel kann diesen neuen Antitrust-Aktivismus verdeutlichen. In der Technologiewelt wimmelt es von so genannten "*patent thickets*". Gemeint ist damit nicht die in der Pharmaindustrie gängige Praxis, um eine Substanz herum ein Bündel an Patenten zu entwickeln ("*patent cluster*"), sondern das in Technologiesektoren häufige Phänomen, dass neuartige Entwicklungen oft auf patentgeschützten Technologien aufbauen. Das innovative Startup-Unternehmen braucht Lizenzen, um rechtssicher an den Markt zu gehen - eventuell sogar von mehreren Unternehmen -, und diese werden vielfach verweigert oder sind schlicht zu teuer. In England wurde dieses Problem, das gar nicht geleugnet werden soll, schon frühzeitig erkannt. Im Frühjahr 2011 beauftragte die englische Regierung den renommierten Professor Hargreaves mit der Erstellung eines Gutachtens zur Reformbedürftigkeit des englischen Patentrechtssystems. Das Gutachten kam zu niederschmetternden Ergebnissen, wobei den "*patent thickets*" ein ganzes Kapitel gewidmet wurde. Zusammengefasst kam das Gutachten zum Ergebnis, dass "*patent thickets*" stark fortschrittshemmend seien – "*obstruction to innovation*". Die Gründe hierfür sind vielfältig, liegen jedoch alle in der defizitären Struktur des Patentrechts begründet. Es sei in England viel zu leicht, ein Patent zu erlangen, die Anforderungen an das Erfindungsreichtum seien zu niedrig. Die so erteilten Patente würden willkürlich oder sogar strategisch genutzt, um entweder finanzielle Vorteile zu erwirtschaften oder technologische Entwicklungen zu verhindern. All dies gehe zu Lasten der innovativen Unternehmen. Zur Überwindung dieser Situation machte Professor Hargreaves zahlreiche Vorschläge. Zusammengefasst liefen sie darauf hinaus, das Patentrecht grundlegend zu reformieren. Dem mag man zustimmen. Denn nach der Kompetenzverteilung der Verträge obliegt die Ausgestaltung der Eigentumssysteme ohnehin den Mitgliedstaaten (Artikel 349 AEUV). Gibt es Reformbedarf, obliegt auch dieser den Mitgliedstaaten, würde man jedenfalls meinen. Nicht so jedoch die GD Wettbewerb. Zum Auftakt der Überprüfung der Technologie-Transfer-Freistellungsverordnung Ende 2011 gab sie bei Wettbewerbsökonomen eine Studie in Auftrag, die unter anderem das leidige Thema der *patent thickets* aufgriff. Auch wenn die Studie nur die persönliche Sicht der Gutachter

---

8 *Alexander Italianer*, Innovation and competition, Fordham Competition Law Institute Conference, 21. September 2012.

widerspiegelt, passt diese gut in das Konzept einer aktivistischen Wettbewerbspolitik. Das Patentsystem zu reformieren – so das Gutachten – würde viel zu lange dauern. Man könne wesentlich schneller zu dem gewünschten Ergebnis kommen, wenn man nur konsequent die wettbewerbsrechtlichen Durchsetzungsbefugnisse dafür einsetzen würde: *"The idea is, that the **more informed antitrust attitude towards some forms of licensing arrangements** might help private IP owners get around patent thickets efficiently."*[9] Damit wird einmal mehr das EU-Kartellrecht bemüht, um kompetenzrechtliche Schranken zu umgehen und das aus der Sicht der Kommission gewünschte Ergebnis zu forcieren. Dies ist wettbewerbspolitisch wie verfassungspolitisch nicht ohne Beigeschmack. Innovation wird damit ein ungeschriebenes kartellrechtliches Tatbestandsmerkmal und eine eigentlich kartellrechtsfremde Zielvorgabe. Wir wissen ja, dass die Durchsetzung der von der Kommission verfolgten Wettbewerbspolitik keine exakte Wissenschaft ist, sondern mit Wertungen zu tun hat. Ob etwa eine bestimmte Verhaltensweise missbräuchlich ist oder nicht, steht nicht in einem Buch mit sieben Siegeln festgeschrieben, es ist vielmehr eine Wertungsfrage. Wenn es darum geht, nach welcher Seite das Pendel ausschwingt, hat die Kommission einen Ermessensspielraum, und die Gerichte respektieren diesen in aller Regel. Wehe nun dem, der Innovation behindert. Ihm droht Ungemach.

Geistiges Eigentumsrecht und Kartellrecht

Das Verhältnis von geistigem Eigentumsrecht und Kartellrecht ist von je her einer grundsätzlichen Spannung ausgesetzt. Patente verleihen – in einem gewissen Sinne – dem Inhaber ein "gesetzliches Monopol", zumindest ein ausschließliches Nutzungsrecht, dass es ihm oftmals erlaubt, seine Produkte zu einem beliebigen suprakompetitiven Preis zu verkaufen, der weit über den Herstellungskosten liegt, und das über einen relativ langen Zeitraum. Das Kartellrecht dagegen will die Preise von Produkten, ob Waren oder Dienstleistungen, möglichst nah an die Kosten drücken, damit die Verbraucher möglichst günstig ihren Bedarf decken können. Das jedenfalls ist die neo-klassische Sichtweise des Kartellrechts, die den Verbraucherwohlstand betont und industriepolitischen Einflüssen eher misstrauisch gegenübersteht.

Für Kartellbehörden ist die Versuchung, das geistige Eigentumsrecht kartellrechtskonform zurechtzustutzen, verständlicher Weise besonders groß. In Amerika, wo es Kartellrecht schon seit 1890 gibt, kann man beobachten, wie sich das

---

9 *P. Regibeau and K. Rockett*, Assessment of potential anticompetitive conduct in the field of intellectual property rights and assessment of the interplay between competition policy and IPR protection, November 2011, COMP/2010/16.

Verhältnis zwischen Kartellrecht und geistigem Eigentumsrecht über die Jahrzehnte entwickelt hat. Vereinfacht gesagt hat es Zeiten gegeben, in denen die mit der Ausübung von geistigen Eigentumsrechten verbunden kartellrechtsrelevanten Probleme – wie etwa die Produktkoppelung – über patentrechtliche Institute gelöst wurden, zum Beispiel die *"patent misuse doctrine"*. Zu anderen Zeiten konnte man einen stärkeren Antitrust-Aktivismus beobachten; die Kartellrechtsbehörden versuchten, die Ausübung von geistigen Eigentumsrechten mit kartellrechtlichen Mitteln einzugrenzen. Man kann aus der historischen Vogelperspektive das Pendel sehen, das mal zur einen und mal zur anderen Seite ausschwingt.

In Europa haben wir seit langem die Dichotomie zwischen der Existenz und der Ausübung von geistigen Eigentumsrechten. Diese Dichotomie hat wie bereits erwähnt auch einen kompetenzrechtlichen Aspekt. Geistige Eigentumsrechte werden bisher nach nationalem Recht gewährt, und der TFEU-Vertrag lässt ja laut Artikel 349 die Eigentumsordnungen der Mitgliedstaaten unberührt. Dies hat die Brüsseler Institutionen jedoch nie daran gehindert, die Ausübung von Eigentumsrechten, deren Existenz als solche nicht angetastet wird, zu reglementieren. Die Frage ist, wann die Reglementierung in eine Aushöhlung des Rechts mündet. Es ist ein bisschen wie mit einem der in Stuttgart hergestellten wunderschönen Luxusautos. Man kann damit bis zu 250 Stundenkilometer fahren, nur darf man es nicht. Auch bei der Besteuerung unserer Einkommen stellt sich leider immer mehr die Frage, ob die Besteuerung nicht bereits an die Substanz des Rechts auf Einkommen geht. Im Kontext der Europäischen Union erfahren diese Fragen eine unerwünschte institutionelle Verschärfung. Aus der Sicht der Kommission ist das eher unproblematisch. Die Spannung zwischen Wettbewerbspolitik und Patentschutz sei ganz normal und leicht zu neutralisieren, so Wettbewerbskommissar Monti in einer Rede von 2004. Wie in jeder guten Ehe komme es halt auch mal zu einem Streit:

*"It is of course a longstanding topic of debate in economic and legal circles how to marry the innovation bride and the competition groom. In the past some have argued that such a marriage will unavoidably lead to divorce because of conflicting aims of IPR law and competition law. But I think that by now most will agree that for a dynamic and prosperous society we need both innovation and competition. Contrary to what some might think, **competition is a necessary stimulus for innovation**. IPR law and competition law have a complementary role to play in promoting innovation to the benefit of consumers. I therefore firmly belief in this marriage and, like in all good marriages, the real question is how to achieve a **good balance between both policies**."*[10]

---

10 *Mario Monti*, The New EU Policy on Technology Transfer Agreements, Ecole des Mines, Paris, 16. Januar 2004.

Dass die Kommission und insbesondere die GD Wettbewerb ein neutraler Wächter über die Güte der Ehe ist, wird dabei implizit vorausgesetzt. Die Zeiten, in denen das Innehaben eines Patentrechts kartellrechtlich mehr Freiraum verschaffte, sind ohnehin vorbei. Dieser Tage ist das geistige Eigentumsrecht eher ein strafverschärfender Umstand:

> *"On the other hand, it should be recalled that, where a medicine is protected by a **patent** which confers a **temporary monopoly** on its holder, the price competition which may exist between a producer and its distributors, or between parallel traders and national distributors, is, until the expiry of that patent, **the only form of competition which can be envisaged.**"*[11]

Wer ein Patentrecht ausübt, muss doppelt auf der Hut sein, nicht auch noch den verbleibenden Restwettbewerb auszuschalten.

Geistiges Eigentumsrecht und Missbrauch

Will man gedanklich durchspielen, wie Antitrustaktivismus zur Förderung von Innovation aussehen könnte, ist Artikel 102 AEUV der beste Ansatzpunkt. In der Grundkonstellation steht ein Rechtsinhaber einem Dritten gegenüber, der das Recht benutzen will oder es einfach ohne Zustimmung des Rechtsinhabers benutzt. Nennen wir den Rechtsinhaber Goliath und den Dritten David. Wie im Beispiel der *patent thickets* hat David – eine smarte Start-up – eine neue Technologie entwickelt und will sie zur Anwendung bringen. Eine Prüfung ergibt, dass die Technologie möglicherweise das Patentrecht von Goliath benutzt. Der rechtstreue David bittet Goliath um eine Lizenz. Goliath verweigert diese. In Laiensprache: Muss ich meinen Nachbarn in mein Schwimmbad lassen? Und was wenn ich es selber gar nicht nutze? David beschwert sich bei der Kommission. Diese findet relativ leicht eine marktbeherrschende Stellung, denn Goliaths Technologie ist unumgänglich für die Entwicklung der neuen Technologie Davids. Nun stellt sich die Frage, ob die Verweigerung missbräuchlich ist. Wann das Verhalten eines marktbeherrschenden Unternehmens objektiv gerechtfertigt ist oder wann es seiner "besonderen Verantwortung" nicht mehr gerecht wird, ist eine Wertungsfrage. Da nunmehr Innovation eine neue kartellrechtliche Zielvorgabe ist, stellt sich die Frage, nach welcher Seite das Pendel ausschlagen soll. Auch der Rechtsinhaber Goliath kann sich auf Innovation berufen, er hat immerhin in eine patentgeschützte Erfindung investiert. Dass David seinerseits Innovativität für sich in Anspruch nimmt, liegt auf der Hand. Für beide Gesichtspunkte gibt es gute Argumente. Vergleichbar ist die Situation mit dem Streit, den im Arzneimittelsektor Innovatoren mit Generikaanbietern führen.

---

11 EuGH, Verb. Rs. C-486/06-478/06, Glaxo, Urt. vom 16. September 2008.

Dort geht es um die Frage, ob das Wettbewerbsrecht primär den statischen Wettbewerb oder den dynamischen Wettbewerb fördern soll. Die Kommissionpraxis scheint den Wettbewerb durch Generikaanbieter gegenüber den Bestrebungen der Innovatoren, ihr Schutzrecht mit den Mitteln der mitgliedstaatlichen Eigentumsrechtsordnungen zu optimieren, höher zu bewerten. Es ist nicht ausgeschlossen, dass die Kommission in Technologie-Streitigkeiten David gegenüber Goliath bevorzugen würde. Will ein Rechteinhaber Zugang verweigern, ist ihm dies zwar grundsätzlich möglich. Die *Magill*-Rechtsprechung hat der Zugangsverweigerung jedoch Grenzen gesetzt. Noch war die Schwelle zum Missbrauch hoch: der Verweigerer musste die Entwicklung eines neuartigen Produkts verhindern, für das Nachfrage bestand.[12] Im *Microsoft*-Fall wurde diese Schwelle jedoch gesenkt: Es reicht schon aus, wenn die Zugangsverweigerung die "technische Entwicklung" behindern kann.[13] Es liegt auf der Hand, dass die notwendigen Weichen für eine wettbewerbspolitisch forcierte Nutzung des Kartellrechts bereits gestellt sind. Es gilt, potentiell Betroffene auf diese konkrete Möglichkeit hinzuweisen und letztere in der unternehmerischen Entscheidungsfindung zu berücksichtigen. Unter den bei der Kommission anhängigen Verfahren ist das gegen *MathWorks*[14] besonders relevant. Auch hier geht es um die Weigerung der Herstellung von Interoperabilität.

Nehmen wir an, David ignoriert das "Nein" Goliaths souverän und bringt seine Entwicklung an den Markt. Goliath wird nun erwägen, ob er Patentverletzungsklage einreicht. Auch diesen Schritt sollte man im neuen Licht der kartellrechtlichen Innovationsförderung vorsichtig bedenken. Es gilt der in *Promedia* aufgestellte Grundsatz, dass die Inanspruchnahme von Gerichten und Behörden nur in ganz außergewöhnlichen Fällen missbräuchlich ist.[15] In *Astra Zeneca* wurde dieser Grundsatz wiederholt; jedoch lagen die außergewöhnlichen Umstände vor (auch in Bezug auf das zweite dort streitige Element, den "*tablet-capsule switch*"; Astra

12 EuGH, Verb. Rs. C-241/91 P & C-242/91 P, RTE and ITP v Commission (Magill), Urt. vom 6. April 1995.
13 "*A simple refusal, even on the part of an undertaking in a dominant position, to grant a licence to a third party cannot in itself constitute an abuse of a dominant position within the meaning of Article 82 EC. It is only when it is accompanied by* **exceptional circumstances** *that such a refusal can be characterised as abusive and that, accordingly, it is permissible, in the public interest in maintaining effective competition on the market, to encroach upon the exclusive right of the holder of the intellectual property right by requiring him to grant licences to third parties seeking to enter or remain on that market. ... The circumstance relating to the appearance of a new product ... cannot be the only parameter which determines whether a refusal to license an intellectual property right is capable of causing prejudice to consumers within the meaning of Art. 82(b) EC. As that provision states, such prejudice may arise where there is a* **limitation not only of production or markets, but also of technical development.**" EuG, Rs. T-201/04, Microsoft, Urt. vom 17. September 2007.
14 IP/12/208 vom 1. März 2012.
15 "*As* **access to the Court** *is a fundamental right and a general principle ensuring the rule of law, it is* **only in wholly exceptional circumstances** *that the fact that legal proceedings are brought is capable of constituting an abuse of an dominant position within the meaning of Article 102 of the Treaty.*" EuG, Rs. T-111/96 ITT Promedia, Urt. vom 17. Juli 1998.

Zeneca hatte lediglich von einer verfahrensrechtlich zulässigen Option Gebrauch gemacht). Die Frage ist letztendlich, wie außergewöhnlich außergewöhnliche Umstände zu sein haben.[16] Das derzeit anhängige Verfahren gegen Motorola[17] wird hierzu mehr Aufschluss geben – es geht dort um die Frage, ob Motorola missbräuchlich eine einstweilige Verfügung beantragte.

Die GD Wettbewerb schützt die Innovation!

Es liegt auf der Hand, dass die GD Wettbewerb ihre Aufmerksamkeit auf die Technologiesektoren richtet, denn dort geht es um zukunftsrelevante Dinge. Es ist ja auch nicht so, als würde die Kommission immer aus eigenem Antrieb neue Verfahren eröffnen. Dennoch fragt sich, warum kartellrechtliche Auseinandersetzungen in Technologiesektoren nicht nach rein kartellrechtlichen Gesichtspunkten entschieden werden sollen, und warum es notwendig ist, das kartellrechtsfremde Element des Innovationsschutzes in Kartellverfahren einzuführen. Zum Abschluss noch ein weiteres Zitat zum Beleg dafür, dass die GD Wettbewerb den Schutz der Innovation mit kartellrechtlichen Mitteln auf ihre Fahnen geschrieben hat: "*Most merger cases that raise concerns are resolved with remedies that **preserve competition** in the markets at risk. In innovative markets, we face the additional task of **preserving innovation**.*" [18] Wir dürfen weiterhin gespannt sein.

---

16 "*Moreover, the **acquisition of a right may amount to an abuse** and there is therefore no reason why the conduct in the procedure relating to the acquisition of the right cannot be considered as an abuse. ... The **use of public procedures and regulations**, including administrative and judicial processes, may, in specific circumstances, constitute an abuse, as the concept of abuse is not limited to behaviour in the market only.*" Europäische Kommission, Entscheidung vom 15. Juni 2005 - AstraZeneca.
17 IP/12/345 vom 3. April 2012.
18 *Joaquín Almunia*, Competition Policy in times of Restructuring (London, 22. Juni 2012).